QUE SAIS-JE ?

Nietzsche

JEAN GRANIER
Professeur à l'Université de Rouen

Quatrième édition

30e mille

DU MÊME AUTEUR

Le problème de la Vérité dans la philosophie de Nietzsche, Editions du Seuil, 3e éd., 1978.

Nietzsche. Vie et vérité, textes choisis, PUF, 2e éd., 1977.

Le discours du monde, Editions du Seuil, 1977.

Penser la praxis, PUF, 1981.

Le désir du moi, PUF, 1983.

L'intelligence métaphysique, Le Cerf, 1987.

ISBN 2 13 044674 4

Dépôt légal — 1re édition : 1982
4e édition : 1992, mars

108, boulevard Saint-Germain, 75006 Paris

PREMIÈRE PARTIE

LA VIE ET L'ŒUVRE DE NIETZSCHE

Chapitre Premier

LA BIOGRAPHIE

Nietzsche aimait à se réclamer d'une ascendance de noblesse polonaise. En réalité, la lignée des Nietzsche, qu'une enquête minutieuse a permis de remonter jusqu'au début du XVIIIe siècle, est entièrement allemande. Parmi les ancêtres de Nietzsche, on compte un grand nombre de pasteurs, tel cet aïeul, lui aussi prénommé Frédéric, qui devint surintendant et auquel l'Université de Kœnigsberg décerna le titre de docteur en théologie ; tel encore son père, Charles-Louis, qui, établi à la cure de Röcken, près de Lützen, épousa en 1843 Franziska Oehler, elle-même fille de pasteur.

Frédéric Nietzsche est né le 15 octobre 1844. Cette naissance est suivie de celles d'une sœur, Elisabeth (1846), et d'un frère, Joseph, qui, lui, disparaîtra en 1849. C'est d'ailleurs aussi à cette date que se situe la mort du père ; d'autant plus frustrante que Nietzsche, comme il l'exprimera plus tard dans *Ecce Homo*, avait pour son père des sentiments de vénération, et que, désormais, s'exerça sur lui l'éducation exclusive de sa mère, femme aux solides qualités morales et d'un dévouement exemplaire, mais d'esprit borné ; de sorte que Nietzsche fit très jeune l'expérience de la solitude intellectuelle et, par la suite, eut à souffrir de la mesquinerie de l'ambiance familiale.

La compensation, ce furent les études au collège de Pforta, où Nietzsche entra en octobre 1858, avec une bourse octroyée par la ville de Naumbourg. La rudesse de la discipline lui fut pénible au début, mais elle ne tarda pas à éveiller en lui le goût de l'effort, l'aptitude à la concentration et le courage devant les épreuves. En outre, Pforta était réputée pour la qualité de l'enseignement qu'on y dispensait en langue et en littérature allemandes ; et surtout pour le brillant esprit humaniste qui y fleurissait. Nul doute que Nietzsche puisa dans cette formation les méthodes, le sens critique et la maîtrise du langage qui guidèrent sa carrière de philologue, puis ses recherches de philosophe. En revanche, les mathématiques et les sciences expérimentales n'étaient guère à l'honneur, et Nietszche ne manqua pas, plus tard, de déplorer cet étouffement de l'intelligence scientifique par la dictature des « Humanités ». Le jeune Nietzsche témoigne peu d'intérêt pour les arts plastiques, mais son sens musical est très vif ; il a pris contact avec l'œuvre de Wagner et, dès 1862, il connaît la partition pour piano de *Tristan et Yseult*. Naturellement, Nietzsche recevait aussi, à Pforta, une éducation religieuse. En 1861, il passa sa « confirmation ». Déjà à cette époque, pourtant, se multiplient les signes de détachement à l'égard du christianisme...

Ayant obtenu, en septembre 1864, son diplôme de bachelier, Nietzsche, accompagné de son ami Paul Deussen, va s'inscrire à l'Université de Bonn.

En octobre, il devient membre de la *Franconia*, société d'étudiants où s'étaient rejoints beaucoup d'anciens élèves de Pforta. Il commence par fréquenter simultanément la Faculté de théologie et la Faculté de philologie ; mais, très vite, gagné par les leçons du Pr Ritschl, c'est à la seule philologie qu'il réserve son attention. Ce choix annonçait d'ailleurs l'imminence de la rupture avec le christianisme ; celle-ci, encouragée par la lecture du livre de Frédéric Strauss, *La Vie de Jésus*, éclata dès 1865, et elle fut l'occasion de scènes orageuses entre Nietzsche et sa mère. Celle-ci, déçue dans ses espérances de voir Nietzsche embrasser la carrière pastorale et blessée dans sa foi, se résigna pourtant à une solution de compromis, fondée sur le mutisme réciproque à ce sujet.

Pour suivre Ritschl nommé à Leipzig, Nietzsche s'installe dans cette ville le 17 août 1865. S'il apprécie les études philologiques pour la discipline des méthodes qu'elles réclament et comme accès privilégié à l'Antiquité gréco-latine, il a le pressentiment qu'elles ne seront jamais pour lui un but en soi. De sorte que l'événement décisif, à cette époque cruciale de sa formation intellectuelle, fut, non le cours inaugural de Ritschl sur *Les Sept contre Thèbes*, d'Eschyle, mais la découverte de Schopenhauer (octobre-novembre 1865). Le récit bouleversant que Nietzsche en a laissé prouve qu'il a eu d'emblée conscience, en lisant *Le Monde comme volonté et comme représentation*, de croiser son destin. Au reste, l'impression produite par le contenu de l'ouvrage, spécialement les thèses sur l'absurdité de l'existence et l'ascétisme rédempteur, s'affadit rapidement, tandis que prenait du relief le thème qui préfigurait le nietzschéisme : la lutte intransigeante pour la vérité !

Le 4 décembre 1865, Ritschl fonde une société philologique (officiellement reconnue en 1866). Nietzsche y prononce une conférence qui lui vaut les louanges de Ritschl et une invitation à composer un lexique pour l'étude d'Eschyle. Cependant l'intérêt de Nietzsche se porte de plus en plus vers la philosophie. C'est à ce moment qu'il s'occupe d'un ouvrage dont l'influence sur lui sera considérable : *L'Histoire du matérialisme*, par Albert Lange. A travers ce texte il prend connaissance de la philosophie kantienne (complétant son information par l'analyse des travaux de Kuno Fischer), glane des notions sur le positivisme anglais et, surtout, s'initie à deux idées qui se révéleront très fructueuses : le scepticisme à l'égard de la Métaphysique et le refus de toute identification de la pensée et de l'Etre.

Mais le temps est venu pour Nietzsche de partir au service militaire. Le 9 octobre 1867, il entre au 4e régiment d'artillerie de campagne. Il s'adapte aisément à sa vie militaire, dans laquelle il apprécie, comme il l'indique dans une lettre, « un appel constant à l'énergie de l'individu » et « un contrepoison décisif à l'érudition froide, étroite, pédante ». D'ailleurs, elle ne l'empêche pas d'entretenir une correspondance étoffée avec son nouvel ami, Erwin Rohde, ni d'amorcer des travaux sur Démocrite. Un accident survenu fin février/début mars 1868 (Nietzsche se blesse grièvement à la poitrine au cours d'un exercice de cavalerie et la blessure s'infecte) envoie Nietzsche à l'hôpital, puis en cure à Bad-Wettekind ; la guérison, tardive, coïncide avec le retour à Naumbourg, le 2 août. Le 19 octobre, il est de nouveau à Leipzig ; et le 6 novembre, à la Société philologique, il donne une conférence sur les satires de Varron et sur Ménippe le cynique.

Le 8 novembre 1868, il fait la connaissance de

Richard Wagner et cette première rencontre lui laisse une impression très forte, qui contribue à accroître par contraste son aversion pour le milieu des philologues. Mais c'est juste à ce moment qu'une chance exceptionnelle s'offre à lui, éliminant toute possibilité de réorientation : Ritschl a recommandé sa candidature pour une chaire de langue et littérature grecques devenue vacante à l'Université de Bâle, et Nietzsche y est élu le 12 février. Cette nomination est un grand honneur ; c'est aussi l'assurance d'une vie stable et de loisirs pour la recherche personnelle. Mais, tandis que sa famille exulte, Nietzsche, lui, mesure déjà lucidement la lourdeur du fardeau pédagogique qu'il a choisi d'assumer... Par ailleurs, il renonce à la nationalité prussienne pour endosser la citoyenneté suisse.

Nietzsche est accueilli cordialement par ses collègues et la société bourgeoise de Bâle ; très vite, toutefois, les mondanités l'irritent et le fatiguent. En compensation, il a noué des relations stimulantes avec Franz Overbeck, spécialiste de l'histoire de l'Eglise, et avec Jakob Burckhardt, de vingt-six ans son aîné, et spécialiste éminent en histoire de l'art, dont certaines idées imprégneront les réflexions de Nietzsche. Surtout, c'est le zénith de son amitié avec Wagner. En mai 1869, il est l'hôte de Wagner à Triebschen, près de Lucerne. Il est ébloui par le génie wagnérien, de sorte qu'il n'aperçoit pas les aspects négatifs de sa personnalité : le tempérament autoritaire, l'égoïsme et l'absence de scrupules. En 1888 encore, donc longtemps après la rupture, Nietzsche a célébré en termes nostalgiques les merveilles de cette amitié qui brilla de tous ses feux durant trois ans, jusqu'en avril 1872. A cette date, Wagner partit s'établir à Bayreuth, et les nuages s'amoncelèrent.

Pendant la guerre franco-allemande de 1870, Nietzsche, auquel sa récente naturalisation suisse interdisait de participer en tant que combattant, servit comme infirmier, contracta la diphtérie, se remit lentement, et regagna Bâle plein de méfiance pour l'hégémonie prussienne que confirmait la victoire allemande.

En 1871 est publiée *La Naissance de la tragédie, ou hellénisme et pessimisme*. Du point de vue de sa carrière de philologue, cette publication de Nietzsche est un suicide ; Ritschl est consterné ; Wilamowitz-Möllendorf se livre à une attaque en règle et n'a guère de peine à marquer des points, puisque même la risposte de Rohde ne réussit pas à réfuter les objections de l'adversaire. Du reste, Nietzsche comprit qu'il avait ruiné sa réputation et ne s'étonna pas, quand il vit les étudiants déserter ses cours. En revanche, entre le 16 janvier et le 23 mars 1872, il prononce cinq conférences sur *L'Avenir de nos établissements d'éducation* ; il y critique âprement la mentalité des lycées et des universités d'Allemagne, la spécialisation outrancière, où il croit reconnaître une séquelle de l'esprit des Lumières, ainsi que le journalisme et la société industrielle moderne. Au passage, il égratigne la théorie hégélienne sur l'Etat et sur son prétendu rôle éducatif.

En 1873-1874, Nietzsche publie les quatre *Considérations intempestives*.

A trente ans, Nietzsche est un homme déjà sérieusement malade, et dont la situation affective est des plus précaires. Certes, s'il a perdu l'amitié de Ritschl (mort en 1876), rompu avec Gersdorff et relâché les liens avec Rohde (devenu lui-même professeur à Iéna), il a noué de nouvelles relations : avec Malwida von Meysenbug, Paul Rée, et le musicien Peter Gast. Mais qu'il ait le désir d'une existence plus stable c'est ce dont témoignent ses velléités de mariage : une demande officielle est même adressée à une jeune Hollandaise, Mathilde Trampedach — sans aboutir...

Le 2 mai 1878, Nietzsche démissionne, pour raisons de santé, de ses fonctions à l'Université de Bâle ; on lui accorde une pension de 3 000 francs annuels.

En 1878-1879 paraît la première partie d'*Humain, trop humain* (la deuxième partie est intitulée *Le Voyageur et son Ombre*). Pour Nietzsche, c'est désormais le régime de la vie errante, ponctuée par les accès de la maladic et encerclée par la solitude.

Aurore est achevée en janvier 1881. Nietzsche a pris l'habitude de faire de longs séjours à Sils-Maria, en Engadine. A cette époque, il forme la pensée de l'Eternel Retour, en même temps qu'il découvre l'œuvre de Spinoza et s'enchante de la musique de *Carmen. Le Gai Savoir* est écrit de 1881 à 1882. A la fin de mars 1882, à l'occasion d'un voyage à Rome, Nietzsche fait la connaissance d'une jeune Russe, Lou Andréas Salomé, dont il tombe amoureux. S'ensuit un imbroglio sentimental, fâcheux et cruel, à cause des manigances de sa sœur Elisabeth, jalouse et hypocrite, et de l'attitude ambiguë de Paul Rée, auquel, d'ailleurs, Lou finira par donner la préférence. A l'issue de ce drame, Nietzsche se retrouve brouillé avec sa famille, et plus solitaire que jamais. Il passe, à Gênes, puis à Rapallo, un hiver terrible ; mais un regain foudroyant de forces lui permet d'écrire en dix jours, à Sils-Maria, la première partie d'*Ainsi parlait Zarathoustra*, et l'ouvrage sera terminé en 1884-1885.

Aux humiliations provoquées par les difficultés avec les éditeurs s'ajoutent les rebuffades qui sanctionnent les tentatives pour réintégrer l'Université (une candidature à Leipzig se solde par un échec) et les soucis que lui causent les fiançailles, puis le mariage d'Elisabeth avec l'agitateur antisémite B. Förster. Néanmoins, les œuvres s'accumulent, à un rythme précipité. En 1886, *Par-delà le Bien et le Mal* ; en 1887, *La Généalogie de la Morale* ; en 1888, *Le cas Wagner*, *Le Crépuscule des idoles*, *L'Antéchrist*, *Nietzsche contre Wagner*, *Ecce Homo* (ce dernier essai ne paraîtra qu'en 1908).

La gloire monte à l'horizon. Signe précurseur : en 1888, G. Brandes consacre, à l'Université de Copenhague, une série de conférences à la philosophie de Nietzsche ; mais le 3 janvier 1889, à Turin, sur la place Carlo Alberto, Nietzsche sombre dans la folie. Ramené dans sa famille, il reste, pendant onze ans, captif de la démence. Il meurt, à Weimar, le 25 août 1900 : sur le seuil même de ce siècle du « Nihilisme » dont il fut à la fois l'annonciateur lucide et, par anticipation, l'adversaire héroïque.

Chapitre II

L'ŒUVRE

Une construction inachevée et défigurée. — Il serait téméraire d'affirmer, de l'œuvre de n'importe quel philosophe, qu'elle est absolument achevée. La mort donne toujours une certaine contingence à la clôture de la méditation dont l'œuvre attend sa complétude de fait ; certaines idées auraient été retouchées, remaniées, voire remplacées par d'autres, certaines formulations auraient été corrigées pour éviter les malentendus, si l'auteur avait bénéficié d'un surcroît de temps. En outre, l'état des publications, l'existence fréquente de textes inédits, la redécouverte, même, de textes déjà publiés mais négligés, le rassemblement éventuel de la correspondance ne laissent pas de rendre indispensable un travail critique d'ordonnancement et d'interprétation, qui ne va pas sans problèmes.

Mais ces difficultés atteignent au tragique lorsque, comme c'est le cas avec Nietzsche, on est en présence d'un auteur non seulement foudroyé en plein effort — dont l'œuvre ressemble donc fatalement à un chantier — mais encore trompé, à cause de sinistres manigances familiales qui ont eu pour résultat d'offrir au public une image falsifiée de son œuvre (comme l'a démontré Karl Schlechta, sur la base d'une documentation inattaquable). Sans oublier que, la politique s'en étant mêlée, le nom de Nietzsche servit de caution à l'épouvantable imposture du nazisme (Hitler lui-même — qui reçut en cadeau, de la sœur de Nietzsche, la canne du philosophe ! — ne se souciait guère, d'ailleurs, de la philosophie de Nietzsche ; et il était bien incapable de la comprendre).

Ces tribulations déplorables et ces annexions ignobles ont occasionné de véhémentes querelles d'experts, encouragé la prolifération de commentaires plus ou moins fantaisistes, et surtout favorisé les partis pris doctrinaires qui permettaient, ou de maintenir à l'index une pensée jugée dangereuse, ou de passer carrément l'œuvre de Nietzsche au bitume du dogmatisme. C'est seulement après la dernière guerre que, relayant le travail de quelques pionniers, ont pu s'épanouir, outre des réflexions de haute volée, beaucoup de recherches sérieuses et intelligentes. Toutefois, à partir des années 65, l'influence de modes culturelles a infléchi maintes interprétations dans le sens d'une recherche de l'effet pittoresque et publicitaire, au détriment de la compréhension, sobre et de grande envergure, dont la pensée allemande, tout spécialement, nous a donné l'exemple.

Au-delà des divergences liées au tempérament, à l'orientation de la pensée et aux circonstances historiques, il importe donc de fixer quelques principes de méthode, indispensables pour protéger Nietzsche de l'arbitraire et garantir la poursuite d'investigations fructueuses.

En ce qui regarde les falsifications opérées sur les textes de Nietzsche, la situation est maintenant bien éclaircie. Le principal point de litige a disparu, depuis que l'on a pu établir que le livre intitulé *La Volonté de puissance* n'est pas une production contrôlée par Nietzsche mais une « invention » de la sœur de Nietzsche (hélas ! aidée, malgré ses réticences, par Peter Gast). L'ouvrage a, en effet, été fabriqué — pour des motifs d'ambition et de lucre — sur la base d'un regroupement artificieux de textes posthumes qui figuraient dans les carnets de notes de Nietzsche. La tromperie pratiquée par cette sœur dont Nietzsche déplorait « la sottise incommensurable et effrontée » (1) jouait à deux niveaux : d'abord, on donnait à croire, illusoirement, qu'il existait bien un « système » de Nietzsche, ensuite que ce système, claironné par le titre provocateur de *La Volonté de puissance* (un mot de bonne trempe nietzschéenne, lui, mais ici lâchement utilisé), était tout naturellement destiné à devenir la philosophie du national-socialisme. Mme Förster-Nietzsche s'arrogea, en outre, le monopole du commentaire, en fabriquant, dans un gros pensum indigeste, une image grimée de la personnalité et de l'œuvre de son frère. Elle fut d'ailleurs récompensée de cette forfaiture par un... doctorat *honoris causa* ! La critique a fini par faire justice de cette machination déguisée en légende ; comme l'écrit Karl Schlechta : « D'une *Volonté de puissance* qui représenterait la doctrine personnelle, l'œuvre systématique de Nietzsche, il ne saurait être question. Ce ne sont que des papiers posthumes, banalement posthumes, rien de plus. » Mais pour porter ce verdict, il fallait avoir ruiné les arguments qui rendaient apparemment invincible l'autorité de Mme Förster-Nietzsche et consistaient en une trentaine de lettres censées avoir été adressées par Nietzsche à sa sœur. Or on s'est aperçu que si le contenu en était bien,

(1) Cf. *Nietzsche, Rée Salomé, Correspondance*, trad. Ole HANSEN-LØVE et Jean LACOSTE, Paris, PUF, 1979.

pour l'essentiel, de Nietzsche, les lettres elles-mêmes avaient d'autres destinataires — telles la mère de Nietzsche, ou Malwida von Meysenbug —, et certains mots avaient été grossièrement retouchés. Procédé dont cette sœur, décidément abjecte, était coutumière, puisque, dans *Ecce Homo*, elle n'a pas hésité à corriger les passages qui, la désavouant, lui déplaisaient ; tel celui-ci, prophétique : « La manière dont, jusqu'à l'instant présent, ma mère et ma sœur me traitent, m'inspire une indicible horreur : c'est une véritable machine infernale qui est à l'œuvre, et cherche avec une infaillible sûreté le moment où l'on peut me blesser le plus cruellement. »

Les éditions récentes de Nietzsche ont restauré la signification authentique des textes en supprimant le titre suspect, et surtout en conservant aux écrits posthumes leur valeur normale : soit qu'on les ait rassemblés dans plusieurs volumes spéciaux, ajoutés aux volumes qui furent publiés à l'initiative de Nietzsche lui-même ; soit qu'on les ait placés directement en annexe à chacun de ces volumes, de façon à respecter l'ordre chronologique (la meilleure formule, semble-t-il). Dès lors se trouve confirmée la certitude qu'une lecture loyale des œuvres publiées par Nietzsche suffisait à imposer : absolument rien, dans la philosophie nietzschéenne, ne permet de cautionner, sur un point quelconque, les idéologies nazies et fascistes, ni d'ailleurs aucune idéologie pangermaniste en général. Nous aurons l'occasion de montrer, plus loin, en discutant le concept de la « volonté de puissance », combien on se méprendrait sur son sens et sa portée, à y voir une apologie de la brutalité cynique et de la violence barbare. Mais sans attendre une telle discussion, on peut déjà balayer d'un revers de main, comme pur mensonge, toute allégation tendant à faire de Nietzsche un précurseur du nazisme ou même un simple avocat du nationalisme allemand. Nietzsche a des formules cinglantes pour exprimer sa méfiance à l'égard des Allemands et son mépris de toute espèce de « *Reich* », par exemple : « *Deutschland, Deutschland über alles* est peut-être le mot d'ordre le plus stupide qu'il y ait jamais eu » (*Werke*, XIII, 350) ; il a, en revanche, toujours plaidé en faveur de l'idée européenne, et avec une hauteur de vue qui, à une époque où se déchaînaient les passions nationalistes, fait honneur autant à sa lucidité qu'à son courage. L'antisémitisme — dont il a pu affronter la bêtise hargneuse à travers son beau-frère, l'agitateur Förster, et, naturellement, sa digne épouse — lui était odieux ; il l'a répété cent fois ; contentons-nous de citer cette formule sans réplique : « La lutte contre les Juifs a toujours été le signe d'une nature basse, envieuse et lâche : et celui qui y participe aujourd'hui doit tenir une bonne couche de mentalité populacière » (2). Il n'est pas jusqu'aux notions empruntées à la psychobiologie, en particulier celles d' « instinct » et de « race », dont Nietzsche ne retaille soigneusement les significations, de sorte qu'elles deviennent des concepts originaux pour une réflexion philosophique, donc incompatibles avec toute velléité d'utilisation raciste. Mais ne nous attardons pas dans ces marécages. Les vraies questions nous sollicitent sur les lignes de crête.

Principes d'une lecture équitable. — Indépendamment des falsifications, force est de constater, surtout devant la masse impressionnante des notes posthumes, que nous sommes ici en présence d'une

(2) Citée *in* Eric BLONDEL, *Nietzsche : le cinquième évangile ?* Sur toutes ces questions, entre autres, l'ouvrage est très bien documenté ; quant aux traductions, elles sont un modèle du genre.

œuvre qui ressemble plus à un échafaudage qu'à une construction. D'ailleurs Nietzsche, encore peu de temps avant la crise où allait s'engloutir sa raison, multipliait les esquisses et les plans pour ce qui, à ses yeux, devait être le couronnement de sa recherche. Preuve flagrante qu'il souhaitait, non certes enclore ses idées dans un « système », mais, à tout le moins, maçonner une œuvre autour de quelques grands concepts, de manière à donner à sa philosophie une cohérence plus manifeste et donc plus convaincante. La folie, à cet égard, fait figure d'accident ; et comme tout accident, elle bouleverse les projets en germe de telle sorte qu'elle fige en apparence de fatalité ce qui n'était que hasard du point de vue de l'intention consciente. Il serait préjudiciable à la compréhension de Nietzsche de sous-estimer, et *a fortiori* de négliger, cette circonstance ; car c'est elle qui, dans une certaine mesure, est responsable du fait que la pensée du philosophe s'offre à nous dans cet état de désordre et d'inachèvement.

Sans doute. Mais, rétorquera-t-on, en dehors des posthumes ne subsiste-t-il pas un nombre suffisant de volumes réellement terminés pour que l'on puisse saisir la cohérence d'ensemble de la méditation nietzschéenne ? Malheureusement, un jugement fondé n'est, dans le cas de Nietzsche, pas si facile à énoncer, tant s'en faut ! Plusieurs types d'arguments y font obstacle : d'abord, sauf pour quelques textes rédigés sous une forme continue (*La Naissance de la tragédie*, *La Généalogie de la Morale*, par exemple), la plupart des ouvrages sont composés de fragments plus ou moins longs, dotés d'un numérotage et très souvent d'une formule choc en en-tête ; la classification en chapitres ne suffit naturellement pas à fusionner les fragments eux-mêmes, pour garantir la pleine continuité du discours. Même une certaine atmosphère, plus caractéristique de tel ou tel livre, n'efface pas ces perpétuels changements de rythme qui sont imposés à l'attention et dont le lecteur finit par retirer le sentiment qu'il est promené dans un labyrinthe. Ensuite, les textes sont très hétéroclites : un écrit franchement poétique, comme le *Zarathoustra*, voisine avec des recueils d'aphorismes, et des dissertations d'une seule coulée ! Enfin, on ne saurait traiter la masse des posthumes comme un bric-à-brac superflu. Elle est d'une richesse prodigieuse, d'autant moins à dédaigner que c'est elle qui fournit la clé de l'organisation des livres publiés par Nietzsche : les fragments dont nous venons d'indiquer qu'ils constituaient le matériau des divers articles à l'intérieur des grands chapitres, sont fréquemment des textes remaniés et corrigés à partir des brouillons que l'on retrouve parmi les écrits posthumes. On devine, ainsi, comment s'y prenait Nietzsche pour composer un livre : il sélectionnait, dans les esquisses de ses carnets de notes, les fragments qui lui semblaient les plus adéquats, les arrangeait et les polissait, puis les distribuait en différents chapitres, en fonction d'une idée directrice, laissée d'ailleurs assez floue pour permettre une organisation souple. L'analyse des posthumes est, par conséquent, très précieuse, voire décisive, pour affiner, réorienter, approfondir le commentaire.

Dans ces conditions, le principe cardinal de toute étude qui veut atteindre à l'intelligence rigoureuse de la pensée nietzschéenne doit être celui-ci : *appliquer aux textes de Nietzsche la méthode qu'il préconisait lui-même dans sa propre théorie de la connaissance.* Autrement dit, conduire la réflexion sur les textes de Nietzsche d'après le modèle de la connaissance *interprétative* ; bref, essayer de devenir de « bons philologues » du nietzschéisme — à l'école de Nietzsche lui-même ! La justification de ce principe c'est, outre l'exceptionnelle fécondité qu'il assure, le témoignage de Nietzsche : à savoir le fait que Nietzsche a construit sa théorie de la connaissance à partir de sa propre expérience d'homme et de chercheur. Sa théorisation est la transcription de sa praxis pensante.

Donc, appliquer à Nietzsche la procédure de l'interprétation, c'est expliquer Nietzsche selon l'esprit et le langage nietzschéens.

Alors seulement on peut, à la fois : restituer à la présentation et à la formulation nietzschéennes leur valeur positive, au lieu de les regarder comme des approximations, décevantes, d'un système philosophique traditionnel, convoité mais raté par Nietzsche (en réalité, c'est le refus éclairé de tout système qui inaugure la méthode révolutionnaire de la nouvelle philosophie *comme* interprétation. Celle-ci postule donc la rupture avec la « métaphysique ») ; louer la variété et le mélange des genres, puisqu'on y reconnaît maintenant la suprême virtuosité dans un art de l'interprétation qui se moque de la pédante et monotone argumentation logique (ici, derechef, c'est la « métaphysique » qui fait les frais de l'ironie de Nietzsche) ; et, au bout du compte, sauvegarder l'unité profonde de la méditation, à travers les louvoiements « labyrinthiques » ; car cette unité, cessant d'être gagée sur le strict enchaînement des concepts, ne saurait jamais être que celle qui anime la multiplication des « perspectives » ; alors, le foisonnement des apparentes contradictions, déconcertantes pour les lecteurs pressés et superficiels, révèle la cohérence sous-jacente de l'interrogation puisqu'il traduit la pluralité des points de vue, plus ou moins antagonistes, par lesquels il faut nécessairement passer si l'on veut comprendre *la réalité* dans son devenir et dans ses contrastes. La contradiction, chez Nietzsche, cesse d'être une épine dans la chair de la pensée, une épine qu'il s'agit d'arracher avec la raison (analytique ou dialectique, peu importe !), elle prend la valeur d'un signal *pour nous avertir de changer de point de vue.* Ce qui, souvent, exige que nous changions aussi de *niveau.* L'interprétation est ainsi pluridimensionnelle et en mutation constante.

Rien d'étonnant, par suite, si chaque grand concept nietzschéen est essentiellement *surdéterminé* ; et si, pour l'expliquer, il est donc nécessaire d'en reconstituer chaque signification composante ; sans oublier le repérage des diverses *strates* où le mouvement de la pensée *ascensionnelle* de Nietzsche l'a élaborée. Le résultat : un commentaire en spirale, qui collecte et hiérarchise une foule de significations, conflictuelles et solidaires. Avec cette précaution indispensable, dans le traitement des textes posthumes : ne jamais bâtir une interprétation sur des citations ressortissant aux seuls écrits pothumes, mais veiller à toujours associer celles-ci avec des citations extraites des ouvrages ayant reçu explicitement l'approbation de Nietzsche.

L'œuvre et la maladie. — Des considérations précédentes doit se tirer la réponse à la question, rendue brûlante par la démence finale, du rôle de la maladie dans la genèse de l'œuvre de Nietzsche.

Il était tentant, pour les petites âmes qui préfèrent penser bassement plutôt que d'affronter les risques d'une interrogation libre, d'exploiter la crise de la folie comme réfutation *a priori* des idées de Nietzsche. Cette menace confère du même coup au diagnostic médical, concernant la nature exacte de la démence chez Nietzsche, une importance énorme ; mais qui, de toute manière, même dans l'hypothèse la plus défavorable, laisserait encore ouverte la question, proprement philosophique, de déterminer le sens de la folie comme telle, notamment dans ses rapports avec la créativité géniale (le cas de Hölderlin est, à cet égard, très instructif). Des nombreuses études médicales parues au sujet de la folie de Nietzsche, se dégage un certain consensus pour poser le diagnostic de « paralysie générale » (mais déjà, devant l'absence curieuse de certains signes cliniques, Podach nuançait, en parlant d'une forme « atypique »). Il s'agit d'une méningite-encéphalite dont l'origine est presque régulièrement infectieuse. Or on a de bonnes raisons d'admettre que Nietzsche a effectivement contracté, dans sa jeunesse, une infection syphilitique de ce genre, et on a même réussi à dater approximativement l'épisode responsable, grâce aux *Souvenirs sur Nietzsche* de Paul Deussen. 1865 est la date suggérée, compte tenu d'une lettre à Gesdorff du 4 août 1865 où Nietzsche, justement, se plaint de violents maux de tête, symptôme habituellement associé à la méningite d'origine syphilitique. Les céphalées tenaces, les vomissements, les douleurs oculaires qui ne vont cesser de torturer Nietzsche, correspondraient, ainsi, au stade tertiaire de l'infection. Mais, en tout état de cause, l'œuvre resterait indemne, du moins jusqu'à l'effondrement brutal du début 1889. On est donc obligé, si l'on cherche à établir l'existence d'une perturbation, d'incriminer, derrière la maladie infectieuse, soit une psychose latente, soit une névrose. Derechef, dans ces essais d'explication, on en est réduit aux conjectures les plus hasardeuses (on a avancé le diagnostic de constitution paranoïaque atténuée, et celui de dispositions schizoïdes) ; et rien, philosophiquement, ne peut s'en trouver modifié quant à notre lecture de l'œuvre. L'exploration des troubles névrotiques, sous un éclairage psychanalytique, est certainement plus prometteur (3) ; en particulier lorsqu'elle dégage les traces d'un complexe paternel aux multiples ramifications (il est bon de se rappeler que Nietzsche a perdu son père très jeune). Elle nous laisse cependant toujours aussi démunis quand on veut raccorder ses résultats à l'interprétation proprement philosophique des écrits nietzschéens. Car il n'y a aucune commune mesure entre des indications visant une genèse psychologique et le sens de vérité inhérent à la pensée d'un philosophe !

On ne conserve un intérêt au débat qu'à la condition de l'élargir aux dimensions d'une réflexion sur la valeur de la maladie en général pour l'expérience créatrice. Or, quand on aborde le problème sous cet angle, ce qui frappe, c'est l'admirable générosité avec laquelle Nietzsche a su faire de la maladie, jusque dans ses pires tourments, une école de pensée, la discipline existentielle du créateur. Au point que chez Nietzsche la maladie devient le stimulant principal de la connaissance, l'auxiliaire de la réflexion « en grand style » ; mieux, la *pratique* de l'interprétation elle-même, en tant qu'art de faire varier à l'infini les points de vue sur un thème donné. Nietzsche avait la conscience la plus aiguë des privilèges que lui conférait la maladie, et il a célébré en formules inoubliables les mérites de ce qu'il n'hésite pas à désigner comme impuissance et décadence ! Citons, entre autres : « Les malades et les débiles ont plus d'*esprit*, sont plus mobiles, plus

(3) Cf. Jean MATTER, Nietzche, philosophe lyrique. Esquisse pour un portrait psychanalytique, in *Nietzsche. Etudes et témoignages du Cinquantenaire*, Société française d'Etudes nietzschéennes, Paris, Ed. Flinker, 1950.

divers, plus distrayants — plus méchants [...]. Les malades et les débiles ont pour eux une sorte de *fascination*. Ils sont *plus intéressants* que les gens bien portants ; le fou et le saint — les deux sortes d'hommes les plus intéressantes — et apparenté à eux, le « génie » » (*Vol. Puis.* II 210). Le critère, pour un jugement valable, c'est donc l'emploi que l'on fait de la maladie : « Ce n'est qu'une question de force : posséder tous les traits morbides du siècle, mais les compenser à l'intérieur d'une force exubérante de construction et de restauration » (*Vol. Puis.* 2 101).

Le problème de la cohérence. — L'utilisation de l'analyse historique par certains commentateurs, analyse fondée sur la recherche des sources, le repérage des influences et l'étude chronologique des textes, si elle a incontestablement enrichi notre compréhension de l'œuvre de Nietzsche, contribue également à relancer, à son propos, la question de la cohérence. Comme il ressort tout particulièrement des travaux de Ch. Andler, la méthode historique conduit, en effet, à découper l'œuvre de Nietzsche en plusieurs « périodes », hâtivement et imprudemment rattachées à la qualification de « systèmes ». Et voici la philosophie de Nietzsche ramenée à une juxtaposition de thèses dont on ne discerne plus le principe de continuité ! Il n'y aurait pas *la* philosophie de Nietzsche, mais une succession de philosophies dont la réunion serait simplement nominale...

Il n'entre naturellement pas dans notre intention de rejeter les résultats obtenus grâce à ce genre de lecture. Sans cautionner les titres choisis, on accordera volontiers, sur la foi d'un examen sérieux du style, de l'argumentation et de l'orientation de chaque texte, que dans le mouvement d'ensemble de la méditation nietzschéenne trois grandes étapes se laissent reconnaître, correspondant en gros à un « pessimisme esthétique », à un « intellectualisme » critique, d'inspiration scientifique, enfin à une conception « dionysiaque » du monde, centrée sur les thèmes lyriques du surhomme et de l'Eternel Retour. Il est exact, ainsi, que les textes de la première période sont nourris des réflexions du jeune professeur de philologie grecque ; ils discutent donc les problèmes de l'actualité, de l'histoire et du savoir en fonction des concepts et des interrogations liés à la culture antique, mais également sous l'éclairage donné par la fréquentation de la pensée schopenhauérienne. Il est non moins exact que, dans la période intermédiaire, s'accuse la prédominance de la réflexion critique ; celle-ci sert évidemment à consommer et à justifier la rupture avec le wagnérisme et, de façon plus radicale, avec Schopenhauer ; elle s'aide du double renfort que lui apporte la lecture assidue des moralistes français (Vauvenargues, La Rochefoucauld, Pascal, etc.) et celle des ouvrages scientifiques ; à cet égard, il vaut la peine de faire observer que, déjà dans les Posthumes datant de 1873-1875, abondent les notes concernant les sciences naturelles, et qu'en 1874, Nietzsche a emprunté à la bibliothèque de l'Université de Bâle la *Philosophia naturalis* du physicien Boscovitch.

Mais, répétons-le, il ne s'agit, de toute manière, que des étapes d'une même maturation, et jamais d'un fractionnement qui suivrait les frontières de trois doctrines différentes. Les preuves ne manquent pas pour le confirmer. D'abord, sur le principe de la continuité, Nietzsche lui-même (et, ce qui est bien révélateur, très tôt dans sa vie) s'est prononcé avec une netteté absolue : « Je pense qu'à vingt-quatre ans, on a derrière soi la partie la plus importante de sa vie, même si ce qui donnera de la valeur à cette vie ne vient au jour que plus tard. En effet, c'est à peu près jusqu'à cet âge qu'une jeune âme dégage l'essence caractéristique de tous les événements et de toutes les expériences : elle se crée ainsi un monde de caractères typiques dont elle ne sortira plus » (4). Il a d'ailleurs réitéré cette affirmation, en des termes tout aussi catégoriques, dans son étude sur *Schopenhauer éducateur*. En outre, il faut souligner que seule la prise en considération de la continuité fait comprendre le sens ultime de la période intermédiaire, dite « intellectualiste », tandis que ce sens est complètement étouffé par la lecture historisante ; comme Nietzsche l'explique dans la Préface d'*Humain, trop humain*, la critique avait pour but essentiel d'accomplir « le dépassement de la métaphysique » ; — tâche à laquelle restera consacrée une part énorme des recherches de la dernière période. Quant aux thèmes majeurs qui formaient la charpente de *La Naissance de la tragédie* et dominaient les essais de grande portée rédigés à la même époque (cf. *La Compétition homérique* et *Sur la vérité et le mensonge dans un sens extramoral*), ils constituent le noyau même des idées les plus typiquement nietzschéennes de la *dernière* période. La conclusion se doit donc d'écarter toute espèce de doute : oui, la pensée de Nietzsche s'est transformée, mais c'est bien une interprétation cohérente et unitaire qui est l'âme de ces métamorphoses.

(4) Considérations personnelles de NIETZSCHE parallèles à son *Curriculum vitae* rédigé pour l'Université de Bâle, en 1864, citées *in* R. BLUNCK, *F. Nietzsche. Enfance et jeunesse*, trad. Eva SAUSER, édit. CORRÊA, Paris, Buchet-Chastel, 1955, p. 243.

DEUXIÈME PARTIE

LA PHILOSOPHIE DE NIETZSCHE

CHAPITRE PREMIER

LE NIHILISME

Nihilisme et décadence. — Le terme de « nihilisme », que l'on trouve déjà chez Jacobi, Jean-Paul, Tourguenieff, Dostoïewski, les anarchistes russes, et que Nietzsche lui-même emprunte à Paul Bourget, sert à désigner, chez Nietzsche, l'essence de la crise mortelle dont le monde moderne est frappé : *la dévaluation universelle des valeurs*, qui plonge l'humanité dans l'angoisse de *l'absurde* en lui imposant la certitude désespérante que plus rien n'a de sens.

Le nihilisme sanctionne la généralisation d'un phénomène morbide, *la décadence*. Tant qu'elle demeure cantonnée dans certaines couches sociales et dans certaines régions du globe, la décadence ne met pas en péril la civilisation humaine ; mais elle devient un fléau redoutable, quand elle envahit — comme aujourd'hui selon Nietzsche — l'ensemble des classes, des institutions et des peuples, pour se confondre finalement avec l'idée même d'humanité (*Vol. Puis.* II 129-130). En parlant de « décadence », Nietzsche tente, en quelque sorte, de repérer et de regrouper les conditions existentielles qui, à ses yeux, ont préparé l'irruption du nihilisme. Cette formulation a l'avantage de nous mettre en garde contre l'acception trop étroitement biologique ou médicale dans laquelle nous serions incités à prendre le mot de décadence, si nous le traitions comme un simple synonyme de maladie. Car même lorsque Nietzsche voit dans la décadence une espèce de maladie sociale dont il analyse les symptômes avec un vocabulaire de clinicien, c'est toujours d'après sa conception philosophique de la vie comme volonté de puissance qu'il présente son diagnostic et envisage des remèdes. Quand, par conséquent, Nietzsche dénonce, pour expliquer la généralisation de la décadence elle-même, la domination progressivement conquise par les faibles sur les forts, il faut restituer à ces qualificatifs la signification *philosophique* qu'ils ont chez lui, c'est-à-dire les rattacher à la volonté de puissance dont ils marquent, justement, les deux tendances fondamentales et antagonistes. Le paradoxe que manifeste un tel renversement des pouvoirs, et qui fait de la décadence le « malaise dans la civilisation » dont se préoccupera aussi Freud (mais selon d'autres visées), confirme qu'il s'agit bien ici, pour Nietzsche, d'une catastrophe concernant l'interprétation philosophique de la vie dans sa nature la plus secrète.

La décadence se caractérise d'abord par le dérèglement des instincts. Pour essayer de rétablir un équilibre, le décadent s'adresse à la raison, qu'il érige alors en despote sous le couvert de l'impératif moral et de la foi sectaire en la logique. Cette médecine n'empêche pas le décadent de demeurer un être foncièrement « réactif ». Car la décadence provoque la désagrégation des formes, la perte des capacités d'assimilation et de synthèse, la débilitation du vouloir, le déchaînement chaotique des passions : au lieu d'agir, le décadent rumine sempiternellement les souvenirs douloureux et, victime de son irritabilité excessive, cherche l'ivresse de l'oubli dans des excitants artificiels ; il est l'homme dont les motivations relèvent de la volonté de vengeance. Car « celui qui souffre prescrit contre sa souffrance le miel de la vengeance » (*Crépuscule* 161). La notion de justice se trouve ainsi pervertie par le ressentiment des décadents : « Quand ils disent : « Je suis juste », on croit toujours entendre : « Je suis vengé » » (*Zarathoustra* 203).

Mais comment les faibles ont-ils réussi à contaminer les forts, de telle sorte que la décadence est devenue la maladie de la civilisation humaine en totalité ? Plusieurs moyens furent employés, dont le plus efficace fut le contrôle de l'éducation ; par cette ruse, la décadence devint proprement l'école de la maladie. Cette pédagogie de la décadence, camouflée sous la bannière d'une « amélioration » morale de l'homme, travaille en fait à le domestiquer ; autrement dit, à transformer les natures énergiques et passionnées en bêtes de troupeau laborieuses, dociles et médiocres. C'est la caste sacerdotale qui s'est chargée de cette domestication systématique. Ne dispose-t-elle pas, avec son idéologie du péché, de l'attirail psychologique indispensable ? Assurément. Car « l'homme rendu inoffensif, faible envers soi-même et envers les autres, abîmé dans l'humilité et la modestie, conscient de sa faiblesse, le « pécheur » — voilà le type désirable, celui aussi que l'on peut *produire* grâce à quelque chirurgie de l'âme » (*Vol. Puis.* I 187).

La mort de Dieu. — L'irruption du nihilisme marque l'écroulement de l'idéologie sur laquelle la décadence avait bâti son règne. Le nihilisme signifie que « Dieu est mort » ; c'est-à-dire que l'cnsemble des idéaux et des valeurs qui garantissaient la domination de la décadence trahit le *néant* qui en était le fondement caché.

On voit que la mort de Dieu ne correspond nullement à un simple constat psychosociologique concernant les progrès de l'athéisme dans le monde moderne ; elle désignerait encore moins la reprise du thème chrétien de la mort et de la résurrection de Dieu, thème mis au goût *dialectique* par Hegel. Quand Nietzsche la proclame, par la bouche de son Zarathoustra, il entend résumer, dans une formule-choc, l'ensemble des réflexions qui lui ont révélé le sens et la genèse de l'idéologie dont la modernité expérimente, dans une crise planétaire, la nullité radicale.

L'angoisse moderne est bien, ainsi, angoisse devant l'abîme d'une vie qui, privée maintenant de ses buts et de ses valeurs, apparaît fatalement absurde : « *Les valeurs supérieures se déprécient.* Les fins manquent ; il n'est pas de réponse à cette question : « A quoi bon ? » » (*Vol. Puis.* II 43). Or, précisément, le sentiment d'absurdité est l'épreuve affective immédiate de ce que le philosophe, lui, reconnaît et pense comme dévoilement du *néant* : « Si un philosophe pouvait être nihiliste, déclare Nietzsche, il le serait parce qu'il trouve le néant derrière tous les idéaux » (*Crépuscule* 159). Mais attention ! Ce néant n'est pas un absolu de négativité s'opposant à l'Etre, c'est un néant de *valeur* renvoyant à la normativité de l'interprétation vitale. Aussi Nietzsche s'empresse-t-il d'ajouter : « Et pas même le néant — mais seulement ce qui est futile, absurde, malade, fatigué, toute espèce de lie dans le gobelet vidé de son existence » (*Crépuscule* 159).

Par suite, une telle crise ne nous enferme pas dans l'irrémédiable. Elle nous contraint, bien plutôt, à sonder les origines de l'idéologie qui a cautionné la promotion de la décadence, pour que nous puissions, après, inventer les valeurs qui célébreront la vie authentiquement créatrice : « Pour commencer, il semblera que le monde ait perdu en valeur, du moins nous en aurons *le sentiment* ; en ce sens, mais rien qu'en ce sens, nous sommes pessimistes, avec la volonté de nous avouer sans réticence cette transvaluation, au lieu de nous psalmodier, à la vieille mode, je ne sais quelle consolation illusoire. Dans ce fait même nous trouverons l'émotion qui nous poussera à créer des *valeurs nouvelles* » (*Vol. Puis.* II 125).

Nietzsche nous trace ici un double programme : d'abord *critiquer l'Idéalisme*, en tant que responsable du nihilisme moderne, donc « surmonter la métaphysique » ; et ensuite, opérer *la transmutation de toutes les valeurs*, afin de relayer l'humanité décadente par le surhomme : « « *Tous les dieux sont morts, ce que nous voulons à présent, c'est que le Surhumain vive* » ; tel sera un jour, lors du grand Midi, notre vouloir suprême » (*Zarathoustra* 175).

Les étapes du nihilisme. — On ne saurait, toutefois, sortir d'un bond du nihilisme. Il faut accepter d'en parcourir patiemment les différentes étapes, jusqu'à l'instant crucial où l'imminence du désastre absolu doit déclencher — si la philosophie a su en préparer les conditions ! — le dépassement salvateur. Voici comment Nietzsche nous relate *l'histoire* du nihilisme.

Le nihilisme prélude avec le *pessimisme*, mélange de dégoût, de nervosité, de nostalgie, où s'assombrit encore le *spleen* romantique et qui gagne sa justification spéculative privilégiée dans la philosophie de Schopenhauer. Celle-ci tire argument de la douleur pour proclamer, en théorie, la supériorité du non-être sur l'être et donc pour exhorter, en pratique, à la destruction du Vouloir-Vivre par une ascèse calquée sur l'enseignement bouddhique. En quoi elle trahit sa complicité avec les tendances les plus pernicieuses de la décadence elle-même, car, rétorque Nietzsche, « le simple fait de se demander si le non-être ne vaut pas mieux que l'être est à soi seul une maladie, un signe de décadence » (*Vol. Puis.* II 41).

Le pessimisme n'invite pas à un affrontement loyal avec le néant, il favorise plutôt la recherche des échappatoires. C'est pourquoi il débouche sur « *le nihilisme incomplet* » qui, s'il prend acte de la déchéance des anciennes valeurs, se refuse néanmoins à révoquer en doute leur fondement idéal. Le nihilisme incomplet remplace Dieu par le culte des idoles.

L'acuité de son regard critique permet alors à Nietzsche de prévoir les nuisances d'une modernité dont, aujourd'hui, nous subissons cruellement les ravages : fanatisme, sectarisme, totalitarisme, ces trois types de fuites dans le nihilisme incomplet !

Nietzsche repère deux foyers de purulence. Le premier est la lutte entre la tradition religieuse et les « libres penseurs ». Ces libres penseurs, en effet, loin d'être les athées probes et courageux dont on aurait besoin pour chasser le mensonge de la religion, ne sont que des chrétiens laïcisés ; ils n'ont éliminé le Dieu du christianisme que pour conserver plus pieusement encore la morale chrétienne. Nietzsche les traite donc en ennemis dès l'instant où ces libres-penseurs risquent de contrecarrer sa stratégie « immoraliste ». Car, répète-t-il, « quand on a renoncé à Dieu, on se cramponne d'autant plus fermement à la morale » (*Vol. Puis.* II 56) — le devoir kantien se substitue au Dieu mort. L'autre menace, d'après Nietzsche, ce sont les doctrines socialistes. Certes, Nietzsche n'a jamais lu Marx, il n'a eu aucun contact ni avec les écrits marxistes ni avec le mouvement ouvrier européen ; ses jugements sur le socialisme doivent donc être passés au crible le plus sévère. Il n'empêche que ces jugements mêmes, dans la mesure où ils relèvent d'une réflexion admirablement pertinente sur le nihilisme, comptent parmi les plus efficaces pour affranchir le socialisme des compromissions avec la logique de la modernité et, ainsi, le dégager des déviations et des impasses où il s'est égaré. En particulier Nietzsche a bien vu les dangers de la sacralisation (nihiliste) de l'Histoire et du Progrès, ainsi que du moralisme révolutionnaire, ici déguisé en apologie du bonheur collectiviste et obligatoire.

Le nihilisme incomplet n'est qu'une transition. La poussée du néant est irrésistible. Bientôt s'impose le « *nihilisme passif* ». Maintenant, l'absence de fondement est devenue une évidence centrale et universelle, et toutes les anciennes valeurs sont englouties dans ce gouffre. Mais la lucidité de l'intelligence s'accompagne d'une abdication complète du vouloir. Au lieu de mobiliser la volonté pour créer des valeurs nouvelles, on démissionne ; on se complaît au spectacle de l'inanité universelle ; un idéalisme retourné sert à préparer l'extinction du désir. « L'œil du nihiliste *idéalise en laid*, il est infidèle à ses souvenirs ; il les laisse tomber, s'effeuiller ; il ne les protège pas contre cette décoloration livide que verse la faiblesse sur les choses lointaines et passées. Et ce qu'il néglige de faire envers lui-même, il ne le fait pas non plus envers tout le passé de l'homme : il le laisse tomber » (*Vol. Puis.* II 43).

Mais il subsiste sporadiquement assez d'énergie pour qu'à côté de l'indolence désabusée du nihilisme passif se dresse la révolte délibérément destructrice du « *nihilisme actif* ». Les décadents à la fois les plus farouches et les plus clairvoyants réclament un sabordage universel des valeurs ; ils ne se contentent plus d'assister à la ruine des anciens idéaux, ils s'en font eux-mêmes les incendiaires. La fête de l'anéantissement, la rage du terrorisme sont leur dernière chance. « La variété humaine *la plus malsaine* de l'Europe (dans toutes les classes) est le terrain de culture de ce nihilisme [...]. Ces hommes-là voudront non seulement s'éteindre passivement, mais *éteindre* volontairement tout ce qui est à ce point dénué de sens et de but ; encore que ce ne soit qu'une convulsion, une fureur aveugle » (*Vol. Puis.* II 14).

Jusqu'alors, toutes les formes de nihilisme que nous avons parcourues avaient pour caractère commun d'être une capitulation devant le néant révélé par la mort de Dieu. Mais voici qu'avec la phase ultime, se dessine l'espoir d'un authentique dépassement du nihilisme lui-même. C'est que maintenant entre en jeu la volonté de puissance affirmative, celle qui, optant pour la vie contre le néant, se décide à créer des valeurs au lieu de se lamenter servilement sur la mort de Dieu. Envisagé sous cet angle, l'ensemble du nihilisme apparaît comme l'inévitable contrepartie d'une nouvelle et vigoureuse progression de l'Humanité. Encore faut-il savoir qu'une telle volonté affirmative a besoin d'être suscitée, éduquée, soutenue par la sélection la plus sévère. Nous sommes donc en présence d'un « *nihilisme classique* » ou « *extatique* », où la dureté des exigences servira de pierre de touche pour séparer les décadents des créateurs et, par cette pédagogie de la sélection tragique, produira « des hommes qui auront *toutes* les qualités de l'âme moderne, mais qui auront la force de les transformer en santé » (*Vol. Puis.* II 377). Bref, il faut « *régir l'humanité afin de l'obliger à se dépasser.* Obtenir qu'elle se dépasse, *au moyen de doctrines qui la feront périr, à l'exception de ceux qui les supporteront* » (*Vol. Puis.* II 285).

L'approche du Dernier Homme. — Quand Zarathoustra, le porte-parole de Nietzsche, se résout à quitter son ermitage pour s'adresser au peuple, son discours vise justement à provoquer dans le peuple le sursaut de volonté qui, par-delà le nihilisme, permettra d'atteindre le surhomme. Un tel discours illustre bien cette éducation de la volonté de puissance affirmative dont Nietzsche attend qu'elle forge les armes du « nihilisme extatique ». Zarathoustra cherche à éveiller la vocation créatrice en aiguillonnant, chez ses auditeurs, l'orgueil du mépris. Le mépris n'est-il pas le stimulant le plus efficace de la créativité, puisqu'il oblige à se dépasser soi-même par crainte de ressembler à ce qui est honteux et médiocre ? Or, enseigne Zarathoustra, « ce qu'il y a de plus méprisable au monde » c'est « le dernier homme » — l'homme avachi, avili et asservi qui, face à la catastrophe de la mort de Dieu, choisit de croupir dans le marécage du « bonheur » ; bref, l'homme qui se croit « malin » parce qu'il préfère jouir mesquinement plutôt que combattre en héros : « La terre alors sera devenue exiguë, on y verra sautiller le Dernier Homme qui rapetisse toute chose. Son engeance est aussi indestructible que celle du puceron ; le Dernier Homme est celui qui vivra le plus longtemps » (*Zarathoustra* 61). On a deviné la recette de ce bonheur : l'élimination, ingénieusement programmée, de tout ce qui, dans la réalité, est source de conflits, de luttes, de tension — donc de dépassement. Il s'agit de réduire l'existence humaine à une somnolence jouisseuse et ininterrompue, à une irresponsabilité divertissante. On reconnaît là l'idéal de la moderne « société de consommation », version technique et publicitaire du nihilisme passif.

Or Zarathoustra s'aperçoit, avec consternation, que le peuple, loin de mépriser le nihilisme hédoniste du Dernier Homme, le réclame à grands cris et n'a qu'indifférence pour le projet du surhomme !

Subtil témoignage de la perspicacité de Nietzsche. Car Nietzsche nous avertit, par cette fable, que la tâche de vaincre le nihilisme sera non seulement méconnue, mais ouvertement sabotée par la modernité, dont le principe est la sacralisation du bonheur de masse, l'idolâtrie du « *standing* ».

La « lutte finale » ne sera pas celle que prévoyait Marx ; elle opposera le philosophe tragique au nihilisme de la massification planétaire.

Chapitre II

SURMONTER LA MÉTAPHYSIQUE

Le nihilisme moderne est la conséquence directe de cette pensée « métaphysique » qui s'est imposée comme l'idéologie de toute la civilisation occidentale. C'est bien, en effet, la pensée métaphysique qui, dans la crise nihiliste, révèle que son fondement n'était qu'un fondement illusoire ; un pur néant hypostasié en « monde suprasensible » et doté de toutes les séductions de l'Idéal ! Pour vaincre le nihilisme, il faut donc s'affranchir définitivement de cet Idéalisme métaphysique. Un tel affranchissement Nietzsche en fait la tâche de « surmonter la métaphysique », en donnant au verbe « surmonter » un sens typiquement nietzschéen, où se concentrent, en particulier, toutes les significations inhérentes à la notion de « volonté de puissance » : la *négativité* de la réflexion critique, la *force* déployée dans l'acte même de dépasser, enfin — avec une nuance proprement *dialectique* — l'idée que l'impulsion à dépasser mobilise aussi un facteur essentiel de ce que l'on dépasse, de sorte que le résultat n'est pas simple destruction, mais production d'une vérité *supérieure*.

Analysons dans le détail les caractères majeurs de l'Idéalisme « métaphysique ».

Le dualisme moral. — La pensée métaphysique s'ingénie à méconnaître cette détermination essentielle de la réalité : *le mélange*, par quoi les divers éléments constitutifs d'un être réel correspondent à des négations et à des affirmations inextricablement solidaires les unes des autres. Elle prétend, au contraire, briser cette connivence, parce qu'elle déconcerte, inquiète et suscite l'impression que les valeurs les plus hautes se trouvent « souillées » par le mélange avec des antivaleurs, comme par exemple l'esprit avec la matière, ou, de façon plus parlante, l'être permanent avec le flux du devenir. Sur ce dernier point, elle est d'ailleurs tranchante : l'être vraiment être ne saurait devenir, il est donc immuable et ne ressortit pas à la même sphère d'intelligibilité que le monde livré au caprice du changement. De même, si les sens et la raison sont discordants, c'est bien là la preuve qu'ils ne coopèrent que sous la contrainte et qu'en soi ils visent chacun des formes de réalité incompatibles. La pensée métaphysique, par conséquent, décrète que l'ambiguïté, les modifications, les bigarrures du monde dont nous faisons l'expérience sont une apparence trompeuse, et qu'il faut concevoir, au-delà, une organisation entièrement différente, où les éléments ici-bas antagonistes sont dissociés et regroupés selon leurs vraies affinités, pour constituer deux systèmes irréductibles dont l'un est effectivement réel (celui des « valeurs supérieures ») et l'autre illusion éphémère. « La croyance fondamentale des métaphysiciens, c'est *la croyance à l'antinomie des valeurs* » (*Par-delà* 23).

Nous qualifions de « moral » ce dualisme pour souligner non seulement que le terrain de prédilection où il s'exerce est la Morale, mais encore, et plus essentiellement, qu'il est engendré par une interprétation moralisante du monde. D'après elle, le bien s'oppose absolument au mal, leur nature et leur origine n'ont rien de commun. Leur conjonction présente ne fait que manifester un état de corruption dont la cause est elle-même à chercher dans une faute éthico-religieuse. C'est, dit Nietzsche « le fanatique moral qui croit que le bien ne peut sortir que du bien, ne peut croître que sur le bien » (*Voyageur* 269). Sous le terme de « mal » il faut entendre tout ce qui, de façon directe ou indirecte, provoque souffrance, angoisse, changement et mort — bref *le négatif*, tandis que le bien désigne « un idéal qui ne devrait rien garder en lui de nuisible, de mauvais, de dangereux, d'équivoque » (*Vol. Puis.* II 346).

En face de chaque réalité, la réflexion dualiste s'évertue alors à dissocier méticuleusement positif et négatif, valeurs et antivaleurs, et s'imagine ainsi restaurer, au moins en tant que règle pour la conduite, l'idéal d'un règne originel immaculé. Evidemment, ce sont les instincts, les passions, les désirs qui font les frais de cette dissociation purifiante : « On exige que l'homme se châtre des instincts grâce auxquels il peut haïr, nuire, se mettre en colère, exiger vengeance. Cette conception contre nature correspond alors à l'idée dualiste d'un être tout bon ou tout méchant (Dieu, l'Esprit, l'homme), qui totalise dans le premier cas toutes les forces, les intentions et les états positifs, dans le second cas, toutes les forces, les intentions, les états négatifs » (*Vol. Puis.* I 128).

Outre que, dans la pratique, ce clivage est aussitôt oublié, de sorte que le champion de l'Idéal n'hésite pas, pour assurer le triomphe du bien, à utiliser toutes les ressources du mal, Nietzsche fait observer que le négatif, si hâtivement et hypocritement exclu, est le ferment indispensable de toute *création* ; s'acharner à éliminer ce mal-négatif, c'est, par conséquent, tuer en l'homme le principe vital du dépassement de soi, dégrader l'homme en une « bête de troupeau », mesquine et débile. Derrière les condamnations proférées au nom de la vertu, on ne tarde pas à découvrir la haine contre les novateurs, la suspicion envieuse à l'égard de la belle individualité capable d'autonomie et d'invention : « Le neuf, de toute façon, c'est *le mal*, puisque c'est ce qui veut conquérir, renverser les bornes-frontières, abattre les anciennes piétés ; seul l'ancien est le bien ! » (*Gai Savoir* 35).

Au dualisme, Nietzsche substitue la compréhension de la genèse qui rend à nouveau fluides les antagonismes artificiellement durcis et restaure, par d'incessants mélanges, la continuité mouvante du réel. Il a conscience de suivre ainsi une orientation analogue à celle de l'hégélianisme et, à travers l'éloge qu'il fait de la dialectique de Hegel dans le cinquième livre du *Gai Savoir* (190) et dans la préface d'*Aurore* (datée de 1886), c'est à l'une de ses intuitions les plus chères qu'il applaudit : l'intuition qu'il n'existe pas de substances étanches et inertes, mais que tout est une perpétuelle métamorphose. Il ne s'agit, toutefois, que d'une affinité qui, par ailleurs, accuse les divergences irrémédiables entre les méthodes de Hegel et celles de Nietzsche. Le panlogisme hégélien, tout autant que l'impérialisme du « système » et la théodicée sous-jacente à la dialectique de la raison dans l'Histoire continuent de refléter, aux yeux de Nietzsche, l'esprit funeste de la pensée métaphysique. Ces réserves faites, on mutilerait gravement la philosophie de Nietzsche si, par ignorance des textes ou par goût du contraste provocateur, on passait sous silence l'accord de Nietzsche et de Hegel sur le rôle de la négation, et plus exactement encore de la contradiction, dans la genèse de la réalité ; et donc leur refus commun du dualisme auquel se complaît l' « entendement diviseur ».

La calomnie des sens et du sensible. — Le dualisme métaphysique exerce ses ravages précisément aussi dans le traitement qu'il fait des concepts de « phénomène » et de « réalité ». Au lieu de voir dans le phénomène la manifestation qu'exige l'essence même de la réalité (comme l'enseigne Hegel), on exténue ou on avilit le phénomène jusqu'à le réduire à une vaine « apparence », afin de rehausser, par opposition, l'éclat d'une réalité que l'on conçoit alors sur le modèle d'un absolu coupé de toute espèce de rapport. L'apparence glisse vers le néant, tandis que le réel, érigé en absolu, trône dans sa solitude inviolable, dédaigneux de toute manifestation. Cette coupure n'est-elle pas, pourtant, un affreux contresens au sujet de l'apparence elle-même ? Sans nul doute, puisque — rétorque Nietzsche — « que saurais-je dire de quelque être que ce fût, si ce ne sont les attributs de son apparence ! Certainement pas un masque inanimé qu'on peut mettre ou enlever à un X inconnu ! L'apparence est pour moi la vie et l'action même, la vie qui se moque assez de soi pour me faire sentir qu'il n'y a là qu'apparence, feu follet, danse des elfes et rien de plus » (*Gai Savoir* 62).

La pointe de la critique, naturellement, est tournée contre la fameuse théorie kantienne de la « chose en soi », pierre angulaire de la distinction entre le « monde intelligible » et le « monde sensible ». Quoique ici encore Nietzsche puisse revendiquer l'assistance de Hegel (qui a donné du concept kantien de la chose en soi une réfutation magistrale), la rigoureuse pertinence de sa critique n'est pas garantie ; même si certaines présentations du concept, chez Kant, prêtent le flanc aux objections, un examen plus insistant de la doctrine montre que le prétendu clivage ne tarde pas à s'estomper, pour révéler une foule de médiations tissées entre le phénomène et la chose en soi, devenue alors « noumène », au sens le plus fécond du mot, c'est-à-dire comme « ce qui est à penser ». Mais quelles que soient les rectifications à apporter, la polémique nietzschéenne conserve sa pleine validité contre le préjugé qui, pour la théorie kantienne de la chose en soi, se tient dans la coulisse. Car, en dernière analyse, l'enjeu demeure l'hostilité à l'égard des sens en général, hostilité qui se traduit justement par le conflit entre les sens et la raison, spécialement sous la forme de la lutte entre la sensibilité et la raison pratique, c'est-à-dire la raison en tant qu'elle édicte la loi morale. Nous voici bien, derechef, sur le terrain de l'Idéalisme moral !

Kant prolonge une tradition qui, selon Nietzsche, débute avec Platon et qui se livre à une calomnie méthodique des sens et du corps, accusés de nous leurrer sur le plan de la connaissance et de nous pervertir sur le plan de la conduite. Les sens et le corps ne sont-ils pas responsables des illusions de notre représentation naïve du monde, et ne nous asservissent-ils pas à la finitude, à la douleur et à la mort qui règnent en ce monde ? La dissociation intransigeante du « monde vrai » et des « apparences » fournit le corrélat ontologique à la distinction existentielle entre l'âme et le corps ; corrélat dont on a besoin pour assurer, en dernière instance, le salut moral et religieux de la personne. Sous ces arguments, Nietzsche débusque, à nouveau, les motivations idéalistes, caractéristiques de la décadence : la crainte du devenir, l'angoisse devant les instincts, la nostalgie d'un état de quiétude qui dispenserait l'homme de l'effort et de la création. Appliquée ici, l'exhortation nietzschéenne à surmonter la métaphysique va signifier, alors, réhabiliter les sens et le sensible, en les soustrayant à la malveillance de la réflexion moralisante, pour les penser dans leur fonction authentiquement créatrice : comme le grand atelier de la production des formes ; bref, comme les artistes naïfs de la vie !

La fable de l' « être ». — Nietzsche s'est fixé pour tâche de « *surmonter les philosophes, en annulant* le monde de l'être » (*Werke* XVI § 585 A). Il estime, en effet, que depuis Parménide et sous l'influence des commentaires plus ou moins égarants que le platonisme a donnés de cette austère doctrine parménidienne de l' « être », la philosophie s'est fourvoyée dans les impasses d'une « ontologie » métaphysique. Cela veut dire que la philosophie est devenue un discours rationnel *(logos)* sur l'être *(on)* dont elle ambitionne de saisir les prédicats transcendantaux ; car les attributs que l'on dévoilera au sujet de l' « être » détermineront l'essence d'un fondement suprasensible qui aura le privilège de rabaisser, par contraste, le devenir sensible au rang d'une simple illusion.

Il est d'une extrême importance, si l'on ne veut pas prêter la main au bousillage moderne qui entraînera la déchéance fatale de la philosophie, de bien garder cette idée en mémoire : la critique nietzschéenne de l' « être » (écrit, pour cette raison, avec les guillemets !) ruine la conception de l'être dans l'ontologie traditionnelle, mais sans attenter d'aucune manière au privilège que détient ce mot pour la détermination de la philosophie dans son essence pure (il faut donc continuer à l'écrire : l'Etre — de préférence avec la majuscule). On le prouve sans coup férir en établissant la double valeur antagoniste que revêt le terme d'être dans les textes nietzschéens, selon qu'il concerne l'Idéal de l'ontologie métaphysique ou qu'il charpente le discours original de Nietzsche. Il y a là un double registre à respecter scrupuleusement.

L' « être » qui est pris comme cible par Nietzsche se laisse définir par trois déterminations majeures : il est *évident*, *substantiel* et *transcendant*.

Le premier prédicat — l'évidence — est enveloppé dans la célèbre identité parménidienne de l'Etre et de la pensée, identité qui, selon Nietzsche, inspire, de près ou de loin, toutes les formules dont les diverses écoles philosophiques se sont servies pour préciser de quelle manière l'Etre est intelligible. Ces formules couvrent une vaste gamme, allant de l'affirmation rationaliste la plus ambitieuse jusqu'aux déclarations d'intuitionnisme les plus férues d'irrationnel ; mais elles ont justement en commun de postuler la nécessité d'une révélation de l'Etre, où l'Etre se manifeste, avec une pleine évidence, à la pensée. Nietzsche, pour sa part, ne conteste naturellement pas que l'Etre soit une manifestation de *sens*, puisque aussi bien il admet la possibilité d'une interprétation ; mais, en attaquant l'identité parménidienne et ses multiples variantes, il cherche à rompre avec le préjugé en vertu duquel on fait de la connaissance une *assimilation* de l'objet au sujet, autrement dit une *conformité absolue* (immédiate ou conquise) de l'Etre aux impératifs de la connaissance. Ou encore, Nietzsche nous met en garde contre la croyance à une présence évidente de l'Etre — que celle-ci sollicite la raison, l'intuition ou quelque autre faculté de l'esprit. Par cet avertissement la philosophie de Nietzsche récuse à l'avance toutes les étiquettes habituelles, et place le problème de la connaissance sur un terrain nouveau et fort prometteur : celui de la pensée *interprétative* !

Insistons, au passage, sur la critique du rationalisme. « Je soupçonne, dit Nietzsche, qu'il n'y a pas adéquation entre les choses et la pensée. Dans la logique, en effet, règne le principe de contradiction, lequel ne vaut *peut-être* pas pour les choses, qui sont de nature diverse et opposée » (*Werke* IX 187). C'est Socrate qui a selon Nietzsche donné le mauvais exemple de cet excès de confiance dans les pouvoirs de la raison humaine. Mais, en cela, il n'a fait que proclamer à haute voix le désir secret de tout philosophe ; car « les philosophes sont justement ceux qui se libèrent le plus difficilement de la croyance que les concepts fondamentaux et les catégories de la raison appartiennent par nature à l'empire des certitudes métaphysiques ; ils croient toujours à la raison comme à un fragment du monde métaphysique lui-même » (*Vol. Puis.* I 65). Le système de Hegel est d'ailleurs, en plein XIXe siècle, la confirmation de la remarque de Nietzsche, puisque ce système, partant de l'assertion que la raison est la réalité dans son essence la plus intime, réduit l'ancienne métaphysique générale à la Science de la Logique et, ainsi, fait de la rationalité l'Absolu en soi et pour soi ; avec cet avantage sur les autres variétés de rationalisme que l'Absolu hégélien, en vertu de la dialectique, intègre à son éternité la totalité du devenir et fonctionne comme une merveilleuse machine à transformer l'apparence en essence, le contingent en nécessaire, le hasard en destin !

Mais la science, à son tour, tombe sous le coup de la critique nietzschéenne, à cause, précisément, de ses attaches essentielles avec le rationalisme, lesquelles sont aussi, d'une certaine manière, un héritage socratique. Dès *La Naissance de la tragédie*, Nietzsche a placé en antithèse Socrate et Dionysos, pour exprimer le conflit radical entre l'optimisme logique appelé à guider la science, et la conception tragique du monde, qui animera la philosophie de la volonté de puissance. La science, en effet, non seulement repose sur la foi métaphysique en la valeur *inconditionnelle* de la vérité, mais elle subordonne la découverte de la vérité elle-même à l'exercice exclusif de la *raison*, sans d'ailleurs se rendre compte qu'elle étouffe ainsi, sous un préjugé moral, les droits de ces vérités plus originaires et plus décisives dont se met en quête la pensée interprétative : « Avec quelle naïveté, s'étonne Nietzsche, nous transportons nos évaluations morales dans les choses par exemple quand nous parlons de *lois naturelles* ! Il pourrait être utile d'essayer pour une fois d'un mode d'interprétation *entièrement différent*, afin de comprendre par ce contraste absolu à quel point *notre canon moral* (primauté de la vérité, de la loi, de la raison, etc.) *régit toute notre prétendue science* » (*Vol. Puis.* II 101). Il est donc urgent de dénoncer la présomption de ces savants qui « croient à un « monde du vrai » dont notre petite raison humaine, notre petite raison grossière, pourrait finalement venir à bout... Eh quoi ! voudrions-nous vraiment laisser ainsi dégrader l'existence ? La rabaisser au rang de composition de calcul, en faire un petit pensum pour mathématiciens ? » (*Gai Savoir* 208).

Le deuxième prédicat de l' « être » — la substantialité — rassemble en lui plusieurs déterminations. Définir l'Etre comme substance, c'est le penser sous les catégories de *l'unité*, de *la permanence* et de *l'identité*. La substance c'est, en effet, ainsi que l'explique Nietzsche, un être « unique et absolu et immuable et satisfait et impérissable » (*Zarathoustra* 185). L'application brutalement dogmatique de la catégorie de l'Un a pour conséquence d'écraser sous l'autorité de la substance le fragile réseau des multiples individualités qui correspondent, chacune, à un certain « point de vue » sur le monde ; le « perspectivisme » fondamental de la connaissance s'en trouve effacé, de sorte que peut s'installer sans résistance la fiction d'un savoir universel, dont la vérité est gagée sur l'Un substantiel et exclut la pluralité des interprétations. La catégorie de la permanence, de son côté, sert à discréditer, par opposition, la réalité du devenir ; donc, conclut Nietzsche, dans la mesure où l' « être » est la substance permanente, « *la croyance à l'être* s'avère n'être qu'une conséquence : l'authentique *primum mobile* est la non-croyance au devenir, la méfiance à l'égard du devenir, la dépréciation de tout le devenir » (*Werke* XVI § 585 A). Quant à la catégorie de l'identité, elle intéresse tout particulièrement le métaphysicien, en ce qu'elle protège l' « être » de la contradiction et permet, en revanche, de rejeter tout ce qui recèle la moindre contradiction dans l'illusion et l'apparence vaine ; et voilà l'ensemble du monde sensible à jamais coupé de l'Etre ! La coalition de ces trois impressionnants attributs confère ainsi au concept de la substance le statut de catégorie maîtresse pour l'ontologie métaphysique ; en l'analysant sous un regard critique, Nietzsche récapitule toute l'histoire de la métaphysique occidentale, depuis l'être de Parménide jusqu'à l'Absolu-identité de Schelling, en passant par la doctrine platonicienne des Idées, l'*ousia* d'Aristote, l'atomisme de Démocrite et d'Epicure, la *res* cartésienne, la *Substance* spinoziste et la « chose en soi » de Kant. Le nihilisme moderne n'est, précisément, que l'autocondamnation de cette ontologie métaphysique, car « les catégories de « *fin* », d' « *unité* », d' « *être* », grâce auxquelles nous avons donné une valeur au monde, nous les lui retirons — et le monde semble *avoir perdu toute valeur* » (*Vol. Puis.* II 47).

L'entrée en jeu de la catégorie de la « transcendance », qui donne son troisième prédicat à l' « être », nous éclaire sur la signification du qualificatif même de « métaphysique », dont nous avons constamment fait suivre le terme d'ontologie. Elle souligne que l'Idéal du monde intelligible, de la substance absolue existant en soi, résulte du mécanisme psychologique de la « projection » : l'homme *aliène* la véritable nature de son être en installant, *par-delà le monde sensible* (donc « méta-physique » veut dire : au-delà — *meta* —, de la nature — *physis*), la fiction d'un autre monde doté de toutes les qualités que réclame le désir humain ; il devient ainsi ce que Nietzsche appelle ironiquement un « halluciné de l'arrière-monde ». « L'homme, développe-t-il, projette son impulsion à la vérité, son « but », d'une certaine manière, hors de soi pour en faire un monde de l' « *être* », un monde métaphysique, une « chose en soi » » (*Werke* XVI § 552).

La critique du cogito. — Les illusions qui ont nourri la fable de l' « être » ont simultanément contribué à façonner une image aberrante de l'homme et à fausser toute la recherche psychologique, quant au contenu et quant à la méthode.

L'erreur principale consiste à voir dans la *conscience* l'essence de l'homme et, par conséquent — en vertu de la croyance métaphysique à une harmonie préétablie entre l'homme et l' « être » —, le guide infaillible qui doit nous conduire jusqu'aux ultimes vérités de l'« être ». En réalité, on n'atteindra jamais, de la sorte, que le concept d'un Dieu-Esprit, garant de la Morale, c'est-à-dire le simple reflet idéalisé de l'image *aliénée* de l'homme lui-même ! Le cogito n'est donc ni le champ d'expérience privilégié ni le critère pour une enquête philosophique sur l'homme et sur le monde. L'apparente évidence des « faits » de l'introspection et de la conscience réflexive se brouille, dès l'instant où l'on accepte de reconnaître le strict « *phénoménisme dans l'observation de soi* » (*Vol. Puis.* I 63). Celui-ci interdit, en particulier, de considérer les événements psychiques comme des données immédiates qui, dans et pour la conscience, livreraient d'emblée leur signification. La vérité c'est, tout au contraire, que les événements psychiques sont un *texte* qu'il faut apprendre à déchiffrer avec les mêmes précautions et les mêmes scrupules que le texte de la Nature extérieure. A cet égard le recours à l'intuition, même assorti d'une critique soigneuse des formes habituelles de la connaissance consciente (comme le recommande Bergson), serait voué à l'échec. Car, répète Nietzsche, « rien ne vient à notre *conscience* qui n'ait été au préalable complètement modifié, simplifié, schématisé, interprété » (*Vol. Puis.* I 64).

L'argumentation de Nietzsche préfigure celle de la psychanalyse. Aussi met-elle à l'honneur, avec un grand luxe d'observations et de preuves, la notion d'*insconcient*. Mais les similitudes vont plus loin encore : pour Nietzsche comme pour Freud, le fond de l'inconscient est constitué par les pulsions (Nietzsche utilisant le mot « instincts »). Les divergences se creusent, en revanche, quand on passe à la manière de caractériser ces pulsions : la volonté de puissance invoquée par Nietzsche ne recouvre pas exactement ce que Freud repère sous les termes de libido et de pulsion de mort (en tout cas — et malgré un malentendu tenace —, l'interprétation nietzschéenne est bien plus proche de Freud que la doctrine d'Adler qui, pourtant, se réclamait de Nietzsche). « Tous nos motifs conscients, écrit Nietzsche, sont des phénomènes de surface : derrière eux se déroule la lutte de nos instincts et de nos états : la lutte pour la puissance » (*Posthumes* 138).

L'ancienne autorité du cogito étant désormais ébranlée, c'est à la déconstruction de chaque notion ou principe annexes que Nietzsche s'emploie. Il commence par montrer, ainsi, que la liaison causale, loin de traduire une réalité de fait, n'est qu'une explication grossièrement simplifiante du véritable processus psychique ; elle substitue à la complexité d'une dynamique se déployant à plusieurs niveaux une relation unidimensionnelle et solidaire d'un atomisme mental où chaque événement se trouve cristallisé en un « état » isolé des autres sur une ligne abstraite. Le parallélisme psychophysiologique n'est pas une explication moins pernicieuse. Il faut également renoncer à toute psychologie des « facultés ». La « volonté », notamment, va faire les frais de cette épuration rigoureuse. Contre les thèses de Schopenhauer, Nietzsche (qui se souvient des leçons de Spinoza) objecte : d'abord que la volonté n'est nullement un « fait » saisi par intuition immédiate ; ensuite qu'elle n'est pas non plus le terme d'une déduction correcte, puisqu'elle assume le rôle d'une « faculté » et donc ne sert qu'à cautionner, sous le couvert du concept de « motivation », la vieille doctrine du causalisme psychologique. Il n'est même pas jusqu'à la dissociation, capitale dans le système de Schopenhauer, entre « vouloir » et « penser », qui ne soit une faute d'observation : Nietzsche ne manque pas de l'épingler, à l'occasion d'une nouvelle étude du phénomène volitif, étude qu'il considère comme une sorte de modèle pour des investigations ultérieures soucieuses de respecter la finesse du phénomène à décrire (cf. *Vol. Puis.* I 260-261 et *Gai Savoir* 106).

Pour finir, c'est le concept central du « sujet » qui s'effondre, maintenant que sont retirés les concepts d'unité, de causalité et de substance sur lesquels il s'étayait. Car, qu'est-ce que le sujet sinon l'être pensant donné comme l' « auteur » de toute l'activité psychique, ou encore le moi qui, investi de l'identité et de la permanence, assure l'unification des événements psychiques ? Nietzsche, en récusant un tel sujet, démantèle le raisonnement cartésien qui concluait du cogito à la *res cogitans* ; à ses yeux, Descartes est ici victime du langage, lequel a justement pour vocation d'imposer le concept de substance, dont le sujet est l'illustration la plus captieuse : « dire que s'il y a de la pensée, il doit y avoir quelque chose « qui pense », ce n'est encore qu'une façon de formuler, propre à notre habitude grammaticale qui suppose à tout acte un sujet agissant » (*Vol. Puis.* I 81). Mais la critique atteint aussi Kant par ricochet, puisque, ajoute Nietzsche, on ne saurait introduire un *Je Pense* transcendantal, pour assurer l'unification synthétique du divers, sans se tromper sur la signification de l'unité elle-même. Car « si j'ai quelque unité en moi, elle ne consiste certainement pas dans mon moi conscient, dans le sentir, le vouloir, le penser ; elle est ailleurs, dans la sagesse globale de mon organisme, occupé à se conserver, à assimiler, à éliminer, à veiller au danger ; mon moi conscient n'en est que l'instrument » (*Vol. Puis.* II 185). Nietzsche esquisse là une de ses interprétations les plus audacieuses : c'est *le corps* qui serait l'origine de l'unité que le moi, lui, usurpe ;

mieux : cette unité organique n'est peut-être elle-même qu'un simple phénomène dérivé, cachant la collaboration de plusieurs instances vitales dont la hiérarchisation *signifierait* l'unité de l'individu comme tel (cf. *Vol. Puis.* I 80-81).

L'Idéalisme. — Creuse-t-on sous le système des prédicats de l' « être » et sous les fausses évidences du cogito, on amène à découvert *l'essence* de l'ontologie métaphysique ; et c'est alors seulement que l'on peut avoir l'espoir de surmonter la métaphysique — en se dégageant du nihilisme qui en consomme la ruine — parce que l'enjeu est ici radical et que la radicalité exige la compréhension des principes en eux-mêmes, la pénétration dans l'essence. Telle est, justement, la portée de cette pensée décisive de Nietzsche, qui dévoile l'Idéalisme au fondement de l'ontologie métaphysique : « Si nous sommes des « désenchantés », nous ne le sommes pas par rapport à la vie, mais parce que nos yeux se sont ouverts au sujet de toute espèce de « biens désirables » [...] nous ne nous méprisons que pour ne pas savoir réprimer à toute heure cette émotion absurde qu'on appelle l' « idéalisme » » (*Vol. Puis.* I 42).

Le terme d' « Idéalisme » cité par Nietzsche ne concerne pas (du moins de façon directe) le problème, classique en philosophie, de savoir si le monde extérieur a une réalité en soi ou s'il se réduit à l'ensemble des représentations que nous en avons ; il désigne l'attitude, à la fois existentielle et spéculative, qui implique la confusion de l'Etre et de l'Idéal ; autrement dit, *la définition de l'Etre comme l'arrière-monde sacralisé qui doit s'accorder nécessairement avec nos désirs* les plus ardents, les plus secrets et les plus tenaces. Car l'Idéal c'est, explique Nietzsche, « *la fiction d'un monde* qui réponde à nos vœux » (*Vol. Puis.* II 10). Il en découle que l'Etre est, par nature absolue, le Bien, ou apparenté au Bien. Et Nietzsche de multiplier les références à l'histoire de la philosophie, pour établir que l'identification ou l'apparentement de l'Etre et du Bien est le fil rouge qui relie entre elles toutes les doctrines, depuis Platon jusqu'à Hegel et même jusqu'à Schopenhauer (chez ce dernier, en effet, le principe reste dominant, mais figure sous sa forme négative, en tant que l'Idéal est reconnu impossible, cet aveu entraînant alors une sorte de suicide métaphysique du Vouloir-vivre). Il est facile de voir que la théorie hégélienne de l'Esprit absolu, comme d'ailleurs toute espèce de rationalisme (y compris celui des sciences !), est bâtie sur le postulat de l'Idéal ; mais, le plus souvent, il faut déployer la plus grande vigilance pour détecter cette hantise de l'Idéal, tant les philosophes apportent de patience, d'astuce et de rouerie à leurs tentatives pour inventer les camouflages qui mettent l'Idéal à l'abri du doute ! Témoin, le kantisme. Par le kantisme, « un chemin détourné vers l'idéal ancien était ouvert, le concept du « monde-vérité », le concept de la morale en tant qu'*essence* du monde (ces deux plus méchantes erreurs qu'il y ait !) était de nouveau, sinon démontrable, du moins impossible à réfuter, grâce à un scepticisme subtil et rusé » (*Antéchrist* 202).

L'Idéalisme trouve précisément dans le clivage, producteur du dualisme, et dans la projection, principe de la transcendance suprasensible, ses auxiliaires les plus efficaces. C'est donc bien l'Idéal qui inspire la double opération aboutissant à la fable de l' « être » comme arrière-monde substantiel, dont nous avons analysé en détail les prédicats majeurs. De quoi, en effet, l'Idéal a-t-il impérieusement besoin ? D'être préservé de la souillure qu'entraînerait un mélange avec la réalité sensible et de cumuler tous les avantages dont le manque ou l'insuffisance, ici-bas, est source de douleur et de crainte ; et qu'est-ce qui pourrait, mieux que le dualisme et la projection métaphysique, lui fournir ce statut ? Celle-ci lui assure la permanence, l'identité, la logicité, l'unicité absolues ; celui-là lui garantit l'opposition manichéenne des valeurs...

Mais à la stricte détermination de l'Idéal comme essence de l'ontologie métaphysique on gagne encore de deviner quel sera, dans un tel contexte, *le critère de la vérité*. Ce critère c'est, dit Nietzsche, *le plaisir*, *le bonheur*, bref la satisfaction qui résulte de l'harmonie entre la réalité de l'Etre et le désir. Est « vrai » ce qui est utile, agréable, sécurisant. On remarque, ici, que derechef c'est l'identification de l'Etre lui-même avec l'Idéal qui conditionne la possibilité de la vérité dans son essence, dès lors que la vérité coïncide avec le sentiment de l'agréable. « L'homme cherche la « vérité » : un monde qui ne puisse ni se contredire, ni tromper, ni changer, un monde *vrai* — un monde où l'on ne souffre pas ; or la contradiction, l'illusion, le changement sont cause de la souffrance ! Il ne doute pas qu'il existe un monde tel qu'il devrait être » (*Vol. Puis.* II 10).

Le plaisir et le bonheur dont il est question ici, de même que le désir dont ils comblent l'attente, ne caractérisent, toutefois, qu'un certain type de vie — *la vie faible et décadente*, dont l'idéologie est la Morale. L'Idéalisme est donc si peu l'expression légitime de la vie dans son essence, que la volonté de puissance, en tant que manifestation des forts, lutte âprement contre lui et, justement à l'occasion de la crise nihiliste, ambitionne sinon de l'éliminer (solution extrême que n'autorise pas la nature de la volonté de puissance, comme nous le verrons plus loin), du moins de le ramener à la position subalterne normale, celle qui, face aux Maîtres, échoit aux esclaves. Le combat se mène donc, simultanément, sur le plan idéologique et sur le plan politique, et s'illustre par le contraste entre les deux figures mythiques du Dernier Homme et du surhomme. Du même coup, nous avons obtenu le concept clair et rigoureux de la Morale, de sorte que nous commençons aussi à entrevoir le sens de la fameuse proclamation nietzschéenne : philosopher « par-delà le bien et le mal » (en nous épargnant les absurdités habituelles dont on l'entoure ; en particulier celle de croire que Nietzsche veut supprimer *toute* morale !). La Morale condamnée par Nietzsche pour autant qu'elle patronne l'Idéalisme de l'ontologie métaphysique, c'est, en effet, selon une double formule décisive de Nietzsche, « la somme *des conditions nécessaires à la conservation* d'une espèce humaine pauvre, à demi ou totalement ratée » (*Vol. Puis.* I 144), autrement dit « une idiosyncrasie de décadents guidés par l'intention cachée de se venger de la vie, intention d'ailleurs couronnée de succès » (*Ecce Homo* 174).

La moralisation de Dieu. — Finalement, sous l'influence de cette Morale, l' « être » aux couleurs de l'Idéal se confond avec *le Dieu de la religion chrétienne.* Aussi la philosophie a-t-elle toujours été ou franchement alignée sur la théologie, ou, quand la subordination ouverte n'était plus avouable, soucieuse d'en respecter les dogmes ; l'abstraction des concepts philosophiques favorisait d'ailleurs le maintien de la dépendance, car elle pouvait passer aisément pour une traduction en langage laïcisé des mots clés de la foi religieuse. A la limite, il suffisait de sauvegarder les bases morales. Mais cette prudence n'a eu cours qu'à l'époque moderne, après les coups de boutoir portés à la religion par le siècle des Lumières. Auparavant, on n'hésitait pas soit à *diviniser* les valeurs et les méthodes qui avaient pour fonction de conforter l'assimilation de l'Etre à l'Idéal, soit à faire intervenir Dieu comme fondement de l'intelligibilité et de la bonté de l'Etre. Nietzsche résume ainsi la tactique habituelle de l'ontologie métaphysique : « Pour Platon, nous sommes les anciens habitants d'un monde intelligible qui est celui du bien et, comme tels, en possession d'un héritage de cette époque : la divine dialectique, née du bien, qui mène à tout ce qui est bien (qui nous ramène en quelque sorte « en arrière »). Descartes aussi avait la notion que dans une pensée chrétienne et morale qui croit à un Dieu *bon*, créateur des choses, c'est la véracité de Dieu qui nous *garantit* les jugements de nos sens. En dehors d'une sanction et d'une garantie religieuses accordées à nos sens et à notre raison, où prendrions-nous le droit d'avoir confiance dans l'existence ? » (*Vol. Puis.* I 68-69). Du point de vue de l'attitude existentielle, il est évident, pour Nietzsche, que les mêmes motivations — ou, selon le vocabulaire nietzschéen, les mêmes « instincts », correspondant au même « type » de personnalité humaine — sont à l'origine des doctrines de l'ontologie métaphysique et à l'origine de la religion chrétienne. « Ce sont là, écrit-il, des instincts d'êtres en proie à *l'angoisse* et encore soumis à la morale ; ils se souhaitent un *maître absolu*, un être aimable et véridique ; bref, ce besoin, chez les idéalistes, est un besoin religieux et moral, né dans des âmes d'esclaves » (*Vol. Puis.* II 188).

Est-on autorisé, pour autant, à conclure que Nietzsche prône l'athéisme ? Une réponse péremptoirement affirmative causerait les plus fâcheux dommages à la pensée nietzschéenne qui, ici comme ailleurs, ne vit que de *nuances* et met un point d'honneur à refuser les alternatives rigides, délectation des esprits superficiels. Sans entrer dans le détail de la discussion (1), on peut repérer les diverses orientations de la réflexion nietzschéenne à ce sujet, en ayant présentes à la mémoire les quelques idées suivantes, solidement authentifiées par les textes.

En premier lieu, la démolition de l'Idéal métaphysique fait s'écrouler des pans entiers du christianisme officiel. Plus exactement, la « mort de Dieu » signifie que la conception morale de Dieu est périmée — ce qui, par conséquent, oblige déjà l'interrogation à se situer hardiment par-delà le bien et le mal, en extirpant de la religion l'imagerie du Dieu vérace, principe de la vertu et de la sécurité ; elle signifie donc également, à la lumière d'une polémique si véhémente qu'elle prend souvent le style d'un pamphlet, la dénonciation des mœurs, des goûts, de la pédagogie et de la mentalité représentatifs de la tradition des Eglises, que ce soit du côté protestant ou du côté catholique (cf. par exemple *La Généalogie de la Morale* § 22). Nietzsche n'hésite même pas, sur cette ligne offensive, à taxer la communauté chrétienne primitive et les Pères de l'Eglise de charlatanisme et de stupidité malhonnête. Le résultat, c'est alors une dissociation tranchée entre le christianisme ecclésiastique et le « vrai » christianisme qui, déclare Nietzsche, « consisterait dans l'indifférence totale aux dogmes, au

(1) Cf. E. BLONDEL, *Nietzsche : le cinquième évangile ?*, et P. VALADIER, *Nietzsche et la critique du christianisme*, Paris, Ed. du Cerf, 1974 (du même auteur, *Nietzsche, l'athée de rigueur*, Paris, Ed. de Brouwer, 1975).

culte, aux prêtres, à l'Eglise, à la Théologie » (*Werke* XV § 159). Mais Nietzsche ne se prononce pas, personnellement, en faveur de ce vrai christianisme ; cela impliquerait, en effet, un jugement net sur Jésus lui-même ; or, à cet égard, les jugements de Nietzsche demeurent ambigus, malgré une sympathie évidente (entretenue, de plus, par une identification inconsciente qui éclatera à l'occasion de la crise de folie, où Nietzsche signera ses billets du nom, très révélateur, du « Crucifié »). Il est séduit par certains aspects de la personnalité de Jésus et de son Evangile, mais il cherche manifestement la solution du problème de l'existence dans une autre direction.

Cette recherche, en tout cas, ne le mène pas sur la place publique où se bouscule la foule jacassante et vantarde des athées modernes. Nietzsche n'a pas eu de mots assez durs pour stigmatiser la médiocrité d'âme de ces « libres penseurs » en qui son œil perspicace reconnaît immédiatement des colporteurs de l'ancien Idéal : « Rien n'est resté plus loin de moi jusqu'à ce jour, écrit-il, que l'engeance libre penseuse d'Europe et d'Amérique. Têtes creuses incorrigibles, polichinelles de l'idée moderne..., je suis mille fois plus brouillé avec eux qu'avec aucun de leurs adversaires. Ne veulent-ils pas, eux aussi, « améliorer » l'humanité ? L' « améliorer » à leur image ? Ils déclareraient une guerre à mort à ce que je suis, à ce que je veux, s'ils étaient capables de le comprendre — ils en sont tous à croire à l' « idéal » » (*Ecce Homo* 99). Et qu'on n'essaie pas, hypocritement, de limiter les dégâts, en feignant de penser que la critique acerbe de Nietzsche ne fustige qu'une secte ! En vérité, Nietzsche a déjà prévenu cette lâcheté, en traquant toutes les variantes de l'Idéalisme moral qui se dissimuleraient derrière des bannières modernes plus ou moins aguichantes : foi au progrès, à la science, au socialisme égalitariste, etc. (n'oublions pas de compléter la liste par les étiquettes récentes !).

Enfin se dessine chez Nietzsche, avec la figure mythique de *Dionysos*, non pas assurément une nouvelle religion, mais peut-être une nouvelle piété, une nouvelle compréhension du Sacré. Abstenons-nous de dogmatiser, pour surveiller la montée de l'énigme à l'horizon de la prophétie nietzschéenne : « Vous dites que c'est une décomposition spontanée de Dieu, mais ce n'est qu'une mue : il se dépouille de son épiderme moral. Et bientôt vous le retrouverez — par-delà le bien et le mal » (*Vol. Puis.* II 329).

Chapitre III

INTERPRÉTATION ET VÉRITÉ

Le texte et le chaos. — A peine la philosophie a-t-elle desserré l'étau du dogmatisme métaphysique, qu'elle risque de succomber au piège du scepticisme, en substituant à l'affirmation, présomptueuse, de l'identité entre l'Etre et la pensée, la négation, non moins excessive, de toute participation de la pensée à l'Etre. L'intérêt majeur, à cet égard, de la réflexion nietzschéenne est d'esquiver le piège ; non par simple habileté, mais par un remaniement si radical des méthodes et des concepts de la connaissance qu'elle détruit le principe même de l'alternative. Le thème auquel elle est redevable de cette libération, est le thème, annoncé déjà, de *l'interprétation*. Grande idée, dont la fécondité s'étendra bien au-delà de l'œuvre de Nietzsche.

Par conséquent, les formulations de type sceptique que l'on rencontre chez Nietzsche visent seulement à fixer les limites à l'intérieur desquelles la connaissance peut s'exercer, justement comme interprétation : limites, au seuil de l'enquête, qui bloquent les vaines prétentions de l'ontologie métaphysique ; et limites, sur la lancée de l'interprétation elle-même, pour l'empêcher de glisser à nouveau vers une forme de savoir absolu. L'interprétation est, ainsi, cette connaissance agile, fervente et foncièrement disponible, cette connaissance en mutation perpétuelle, qui est requise pour l'exploration du monde réel ; car « notre monde, c'est bien plutôt l'incertain, le changeant, le variable, l'équivoque, un monde dangereux peut-être, certainement plus dangereux que le simple, l'immuable, le prévisible, le fixe, tout ce que les philosophes antérieurs, héritiers des besoins du troupeau et des angoisses du troupeau, ont honoré par dessus-tout » (*Vol. Puis.* II 369).

L'interprétation se structure selon deux concepts essentiels : le « texte » et le « chaos », étroitement associés aux concepts de « perspectivisme » et de « valeur ». L'ordre de leur enchaînement est capital pour la méthodologie et pour le sens de toute la philosophie de Nietzsche. Place-t-on le chaos en première ligne, le texte s'évanouit, il ne subsiste qu'une poussière d'opinions subjectives. L'esprit nietzschéen, attesté par la consultation intégrale des références, s'insurge contre cette présentation, aussi fantaisiste que suicidaire ; il impose de traiter le concept du chaos comme *concept limite* pour penser le caractère *indéfini* du mouvement de l'interprétation, et donc nullement comme catégorie explosive, destinée à dynamiter la notion de « texte ». Nous sommes, indique Nietzsche, devant « un texte mystérieux et *non encore déchiffré*, dont le sens se révèle à nous de plus en plus » (*Vol. Puis.* II 141). Précisément, le « de plus en plus » est le repérage de la limite, toujours fuyante, où se dessine la proximité du « chaos ».

Donc, l'activité d'interprétation prend nécessairement appui sur un texte ; lequel n'est pas, alors, une émanation de la subjectivité (veillons à ne point résorber le texte dans l'interprétation elle-même, à la manière des idéalistes !), mais un monde effectivement réel, doté d'une consistance propre ; de sorte que Nietzsche a tout loisir d'énumérer les « qualités mêmes *qui en font la réalité* : le changement, le devenir, la multiplicité, le contraste, la contradiction, la guerre » (*Vol. Puis.* I 105). Comment, d'ailleurs, Nietzsche pourrait-il s'attaquer à l'ontologie métaphysique en la taxant de fabulation, s'il ne disposait pas d'un terme de référence indubitable, qui lui serve de mesure, pour distinguer la réalité et l'illusion, et de témoin, pour gagner l'adhésion des autres interprètes ? En l'absence d'un tel texte, inébranlablement réel, on serait condamné à faire s'entrechoquer sempiternellement des opinions à jamais inconciliables, et toute critique, en particulier, ne serait qu'une décharge passionnelle privée de tout contenu informatif. Il ne saurait être question, non plus, de dissocier la force et la faiblesse, en s'employant à préparer une « transmutation de toutes les valeurs » ; où se trouverait le critère en vertu duquel Nietzsche pourrait établir la différence entre l'inférieur et le supérieur, et défendre une hiérarchisation nouvelle ? Oui, assurément, l'âme de l'interprétation c'est « vouloir connaître les choses telles qu'elles sont » (*Werke* XII 127).

Mais la réalité que Nietzsche accorde ainsi au texte n'est pas celle d'une substance existant en-soi ; le texte n'a de présence que *dans* l'interprétation elle-même, dont il constitue justement le *corrélat phénoménal*, c'est-à-dire un corrélat qui est *manifestation* de l'Etre réel. En outre, cette manifestation n'est pratiquement jamais investie d'une évidence immédiate et univoque. Ecartons, par conséquent, l'espérance chimérique d'en atteindre l'essence à l'aide de l'intuition ! Celle-ci n'est guère plus fiable que la logique déductive, dont les raisonnements demeurent des exercices plus ou moins formels, s'il est vrai, comme l'enseigne Nietzsche, que « *rien* ne se passe dans le réel qui corresponde rigoureusement à la logique » (*Vol. Puis.* I 69). La connaissance doit donc se contenter d'être un minutieux et patient déchiffrage, sous la forme d'un *essai (Versuch)* procédant sur la base d' « hypothèses régulatrices » (*Werke* XIV 322) et s'appliquant à bien « décrire » les phénomènes plutôt qu'à les expliquer par raisons et preuves.

Le texte est inépuisable ; « le même texte, indique Nietzsche, autorise d'innombrables interprétations : il n'y a pas d'interprétation exacte » (*Werke* XIII 69). Le caractère brouillé et confus du texte, à cause de la luxuriance et du changement constant des significations qu'il suggère et qui empêchent d'en enfermer la vérité dans une lecture exclusive et sectaire, Nietzsche tente de le penser avec le concept du « chaos ». « Le caractère du monde » est, dit-il, « celui d'un chaos éternel » (*Gai Savoir* 95). Le chaos marque l'échec irrémédiable de toute interprétation qui voudrait se constituer en science, en système ou en dogme, il délimite l'horizon à partir duquel l'acharnement à tout expliquer n'aboutit qu'à rendre le texte complètement illisible. Car « il faut une certaine imprécision du regard, une certaine volonté de tout simplifier pour qu'apparaissent la beauté, la « valeur » des choses ; en soi, elles ne sont qu'*un je-ne-sais-quoi* » (*Vol. Puis.* II 45).

Le problème de l'interprétation est donc un problème d'*accommodation*. Il s'agit de trouver la bonne distance pour que le texte nous offre des figures et des lettres à déchiffrer ; déchiffrement voué, de toute façon, à être approximatif et indéfini, de sorte que la menace de voir les significations devenir inintelligibles ou même s'effacer en sombrant dans le « chaos » n'est jamais conjurée. Néanmoins, un texte subsiste ; et Nietzsche en est si intimement persuadé qu'il édicte les règles d'une méthode de connaissance digne d'être appelée une « *philologie* » rigoureuse du texte. Maintenant, il va en effet jusqu'à réclamer qu'on apprenne à dissocier les « faits » et les « interprétations », autrement dit à ne pas laisser les vaines croyances obscurcir les significations réelles. « J'entends ici par philologie, dans un sens très général, l'art de bien lire — de savoir distinguer les faits, sans les fausser par des interprétations, *sans* perdre, dans le désir de comprendre, la précaution, la patience et la finesse » (*Antéchrist* 256).

Le perspectivisme. — Si le texte du monde conserve une part d'énigme et ne cesse d'opposer à l'effort d'élucidation le défi du chaos, c'est également parce que la connaissance est toujours *pluraliste*, et que la multiplicité des « points de vue » — le « perspectivisme », dans le vocabulaire de Nietzsche — interdit la totalisation qui ferait triompher une interprétation unique. Nietzsche ne se lasse pas de guerroyer contre le fantasme de la totalité — cette « ombre de Dieu » ! « Il me semble important qu'on se débarrasse du *Tout*, de l'Unité, de je ne sais quelle force, de je ne sais quel absolu ; on ne pourrait manquer de le prendre pour instance suprême, et de le baptiser « Dieu ». Il faut émietter l'univers, perdre le respect du *Tout* » (*Vol. Puis.* II 153). Non seulement, donc, l'Etre ne consiste qu'en un flux de relations, mais encore ces relations sont assumées à partir d'une multitude de « centres » dont chacun dévoile certains aspects du monde selon la perspective qu'il ouvre sur ce monde. Les significations déchiffrées sur le texte du monde traduisent ainsi la compréhension, toujours particulière, et d'ailleurs changeante, que chaque centre se forme de la réalité, si bien que ces significations s'entrecroisent, se superposent et se mélangent pour produire l'état présent du texte — avec ce que ce texte comporte alors d'hétéroclite, de proliférant et de contradictoire. Certes, des lignes finissent par se durcir, des constellations par prendre du relief, de sorte que certaines interprétations deviennent *dominantes*, mais ces organisations ne laissent pas d'exclure l'Un en fonction duquel pourrait s'instituer la synthèse totalisatrice. L'antagonisme avec Hegel est, sur ce point crucial, irréductible : jamais, chez Nietzsche, les diverses perspectives ne pourraient jouer le rôle de « médiations » pour programmer un devenir dialectique de l'Absolu ! Le pluralisme nietzschéen n'est jamais résorbé dans un circuit dialectique, où c'est le Tout qui s'aliénerait dans la multiplicité des individus ; ce pluralisme est une détermination *primordiale* de la réalité ; sans doute ménage-t-elle des communications, des convergences et des confrontations, faute de quoi chaque perspective serait emmurée en elle-même et s'érigerait automatiquement en absolu ; mais elle fait apparaître l'Unité de survol comme une fiction pernicieuse, car « « tout comprendre », ce serait supprimer tous les rapports de perspective ; ce serait ne rien comprendre, méconnaître l'essence du connaître » (*Vol. Puis.* II 146). Il n'existe de connaissance qu'interprétative, et il n'existe d'interprétation qu'*au pluriel* !

Les valeurs. — L'analyse des structures de l'interprétation ne serait pas complète si n'entrait pas maintenant en scène le concept capital de « *valeur* ». C'est lui qui a pour charge, en effet, de mettre l'accent, dans l'opération d'interpréter le texte, sur *l'initiative créatrice*, sur le *projet* (comme on dirait aujourd'hui) de l'interprète lui-même. Par là, le concept de valeur assure la jonction attendue avec le thème général, avec le thème typiquement nietzschéen, de la « volonté de puissance ».

La relation où s'accomplit la manifestation même du texte n'est pas *subie* par un interprète qui se bornerait à en « refléter » passivement les images et les significations mouvantes ; elle est façonnée à la faveur d'une activité originale de chaque « centre d'interprétation », et elle est donc bien, d'une certaine manière, une *production* ; plus exactement encore, une *construction* de *formes* ; de sorte que le sens, pour Nietzsche, est toujours le résultat d'une mise en forme — une configuration expressive ; « l'homme dit-il, est un créateur de formes et de rythmes ; en rien il n'est aussi exercé, rien ne lui plaît davantage que l'invention de formes et de types » (*Posthumes* 134). Si l'on n'oublie pas d'y ajouter les idées de maîtrise, d'annexion et de commandement que mobilise le thème de la volonté de puissance, et en fonction desquelles Nietzsche désigne les centres interprétatifs sous le vocable « figures de domination » *(Herrschaftsgebilde)*, on n'hésitera pas à parler ici d'interprétation *impérative*, c'est-à-dire d'interprétation qui aligne le jugement, par exemple, sur le modèle de la décision autoritaire. « A l'origine, développe Nietzsche, le jugement ne signifie pas seulement « ceci et cela *est* vrai », mais bien davantage : « je veux que ce soit vrai de telle ou telle manière » (*Posthumes* 131). Par conséquent, « il faut ramener ce qu'on appelle *l'instinct de la connaissance* à un instinct d'*appropriation et de conquête* » (*Vol. Puis.* I 365).

Or cette mise en forme impérative véhicule nécessairement les désirs, les intérêts et les émotions de l'être qui interprète ainsi le monde. Le sens-forme en reçoit le caractère d'être proprement une « valeur », puisque la valeur qualifie une signification comme utile pour moi, donc comme désirable. *Comprendre, c'est évaluer*, autrement dit c'est organiser le monde selon le perspectivisme des valeurs par lesquelles un être exprime la singularité de son engagement existentiel. « Le pouvoir créateur chez les êtres vivants, quel est-il ? — C'est le fait que tout ce qui constitue pour chacun son « monde extérieur » représente une somme de jugements de valeur ; que vert, bleu, rouge, dur, tendre sont des *jugements de valeur* héréditaires et *le signe de ces jugements* » (*Vol. Puis.* I 226). Cette normativité spontanée de la vie, que l'on rencontre chez les organismes les plus primitifs, se répercute au niveau des opérations intellectuelles de l'homme, car l'homme est « l'animal estimateur par excellence » (*Généalogie* 82-83). Et Nietzsche de résumer toute son argumentation dans cette définition vigoureuse : « Le point de vue de la « valeur » consiste à envisager des *conditions de conservation et d'accroissement* pour des êtres complexes, de durée relative, à l'intérieur du devenir » (*Vol. Puis.* I 218).

Dès lors, comment ne pas s'avouer que, considérée sous cet angle, la valeur coïncide avec une certaine détermination du concept même de *vérité* ? Oui, en tant que corrélat d'une activité d'interprétation qui organise le réel d'après les estimations de tel ou tel centre-de-domination, la valeur fixe ce qui est *tenu-pour-vrai* ; et, puisque le principe de la normativité est *l'utilité pour la vie*, la notion de valeur est le pivot de ce que j'ai appelé « le pragmatisme » nietzschéen, en cherchant à mettre ainsi en évidence l'implication essentielle, dans la théorie nietzschéenne de la connaissance, entre le thème de l'interprétation comme mise en formes et le thème de la valeur comme vérité-utile. Un tel pragmatisme vital est clairement énoncé par Nietzsche lui-même quand il déclare : « Le monde apparent, c'est un monde vu selon des valeurs, ordonné, choisi d'après des valeurs, donc à un point de vue utilitaire, dans l'intérêt de la conservation et de l'augmentation de puissance d'une certaine espèce animale » (*Vol. Puis.* I 102).

La méthode généalogique. — En attirant l'attention sur l'imprégnation de la connaissance par les valeurs, Nietzsche fraye les voies à un nouveau type de recherche, la recherche généalogique. Entendons par là une enquête qui a pour but, réfléchissant en quelque sorte sur la normativité essentielle de l'interprétation, d'*apprécier la valeur des valeurs* ainsi produites ; bref, de faire la critique des évaluations régnantes à un moment de l'histoire. Elle s'intitule à bon droit « généalogie », parce qu'elle veut effectuer cette évaluation en remontant à l'origine des actes normatifs, c'est-à-dire braquer le jugement sur le « centre d'interprétation » dont émanent les valeurs en examen. Méthode pleinement justifiée, puisque, si le vivant exprime, par le choix de ses valeurs, l'intelligence de ce qui lui est utile, il s'expose du même coup à une interrogation critique concernant sa valeur propre, comme mesure d'après laquelle on pourra le situer sur une échelle de classification. Nietzsche illustre sa méthode par ce genre de questionnement : « Critère de mes valeurs : naissent-elles de la profusion ou de l'indigence ?... Est-ce le désir d'être témoin et de mettre la main à la pâte, ou le désir de détourner les yeux et de s'en aller à l'écart ?... Naissent-elles « spontanément » de la force accumulée ou sont-elles excitées, provoquées *par réaction* ? Si elles sont *simples*, est-ce pauvreté des éléments ou maîtrise absolue d'éléments nombreux, force qui dispose d'eux à son gré ? est-on *problème* ou *solution* ? » (*Vol. Puis.* II 159).

Dans l'existence concrète les valeurs se rassemblent habituellement pour former des structures que Nietzsche appelle, dans le *Zarathoustra*, des « tables de valeurs ». Ces tables de valeurs recouvrent très exactement ce qui, dans les autres textes nietzschéens, est désigné sous le terme très large (et dangereusement surdéterminé) de « morale ». Pour s'orienter correctement, il faut garder bien en main le précieux fil directeur que fournit cette définition de la morale, envisagée alors selon cette extension *maxima* : « J'appelle « morale » un système de jugements de valeur qui est en relation avec les conditions d'existence d'un être » (*Vol. Puis.* I 240). Une telle définition place la « morale » nietzschéenne dans le même champ notionnel et méthodologique que le concept marxiste de « l'idéologie », avec toutefois de profondes différences, l'une des plus flagrantes étant précisément la prépondérance, chez Nietzsche, des thèmes de la valeur et de la vie, tandis que l'analyse marxiste se fonde sur la détermination de la praxis humaine comme « production » sociale.

La recherche généalogique débute par l'observation et la description stricte d'une telle « morale » ; elle se poursuit avec l'analyse critique de sa valeur et discute, notamment, la nature de son influence, par exemple à travers un modèle éducatif ; et elle s'achève sur l'appréciation de la valeur de l'origine, la morale examinée étant traitée comme un ensemble de « symptômes » selon lesquels on juge le type de vie qui les produit. L'argumentation débouche ainsi sur l'opposition entre des « *idéals posi-*

tifs » et des « *idéals négatifs* » (*Vol. Puis.* I 371-372). Sous cette dernière rubrique vient aussitôt se ranger la *morale des faibles*, que nous avions déjà épinglée avec la majuscule : la Morale, et dont la théorisation spéculative est, nous l'avons vu, l'ontologie métaphysique. Derrière le conflit des idéaux positifs et négatifs, on amène au jour les deux tendances vitales antagonistes : « Je distingue un type de vie ascendante et un type de décadence, de décomposition, de faiblesse » (*Vol. Puis.* I 363). L'enquête généalogique permet ainsi de dresser la « typologie » anthropologique dont la typologie vitale est le fondement caché.

Ne manquons pas de souligner l'importance de l'enrichissement que procure à notre précédente critique de l'ontologie métaphysique la méthode généalogique élaborée par Nietzsche. En fait, c'est la conception même de la critique qui s'en trouve bouleversée. Auparavant, on estimait convaincante une critique dont l'ambition se cantonnait dans la possibilité de réfuter, avec les moyens de la logique, les arguments de la théorie adverse. Pour Nietzsche, en revanche, ce genre de réfutation continue de s'inspirer de l'optimisme socratique, et ne touche qu'aux raisons et aux preuves, toujours superficielles, sans rien changer aux véritables causes productrices des erreurs. Extirper les racines de l'erreur exige que l'on reconnaisse en celle-ci non une simple défaillance intellectuelle, mais une illusion imposée par certaines conditions d'existence qui, à leur tour, se traduisent dans des tables de valeurs particulières, dans une morale spécifique. Quand, donc, on a épuisé les ressources d'une critique spéculative de la métaphysique, on n'a fait que préparer la tâche décisive : retracer la généalogie de la Morale (ce qui est, précisément, le titre d'un ouvrage de

Nietzsche !), laquelle doit conduire à une « *typologie* de la Morale » (*Par-delà* 177). Le nihilisme, en tant que crise des valeurs de l'Idéalisme, doit s'interpréter, sous cet éclairage, comme le symptôme d'une maladie devenue planétaire, la décadence moderne ; et celle-ci définit la situation existentielle d'un type humain bien caractérisé : l'homme du ressentiment, poussé par le désir morbide de se venger de la vie et qui croit y réussir en glorifiant un idéal répressif. Nietzsche récapitule les principaux moments de cette investigation généalogique appliquée à l'Idéalisme, lorsqu'il écrit : « La *croyance à l'être* n'est donc qu'une conséquence ; le véritable premier mobile, c'est le refus de croire au devenir, la méfiance envers le devenir, la dépréciation de tout le devenir [...]. Quels sont les hommes qui réfléchissent de la sorte ? Une espèce humaine improductive, *souffrante*, lasse de vivre » (*Vol. Puis.* II 10).

La genèse de l'esprit et de la véracité. — Pour mettre en œuvre la méthode généalogique, et d'une façon plus large, pour pratiquer une interprétation digne des règles de la philologie rigoureuse, il faut que se soit formée, éduquée et affermie une exigence de véracité, dont « l'esprit » sera le répondant. D'ailleurs, comment expliquer, sinon, la prise de conscience nihiliste qui dévoile le néant derrière tous les idéaux trompeurs de la métaphysique ? Et où puiser la résolution de transmuter toutes les valeurs afin que le surhomme surgisse hors des décombres du nihilisme moderne ? « Car pourquoi l'avènement du nihilisme est-il désormais *nécessaire* ? Parce que nos valeurs antérieures elles-mêmes aboutissent en lui à leurs conséquences ultimes ; parce que le nihilisme est l'aboutissant logique de nos valeurs et de nos idéals les plus hauts

— parce qu'il nous a fallu d'abord passer par le nihilisme pour découvrir la *valeur* réelle de ces « valeurs » » (*Vol. Puis.* II 15).

Nietzsche va donc se préoccuper de retracer la genèse de « l'esprit » capable de « véracité ». Cette nouvelle exploration n'est elle-même, on le constate, qu'une variante de la grande recherche généalogique. Mais, ici, deux traits particuliers doivent retenir notre attention. D'une part, cette genèse fait appel à l'idée d'une « *intériorisation* de l'homme » qui, recoupant le problème épineux de la « *mauvaise conscience* », a suscité bien des malentendus ; d'autre part, elle révèle le recours, comme base de l'argumentation nietzschéenne, à une *séquence dialectique* qui, de par son style incontestablement hégélien, a déconcerté certains commentateurs, refusant de voir que l'opposition globale du nietzschéisme à l'hégélianisme n'exclut nullement des affinités et des convergences sur des points précis, tels que, par exemple, la dialectique et la notion du devenir. Cette double difficulté est, ainsi, un excellent test pour apprécier la profondeur de l'interprétation, dans la mesure où les réponses fournies à cette occasion engagent le sens que l'on donne aux thèmes fondamentaux de la pensée de Nietzsche — et d'abord, naturellement, à la théorie de la vérité et à la notion de la volonté de puissance...

Fidèle à son inspiration initiale, Nietzsche n'assigne pas à l'esprit une origine transcendante, comme si l'esprit, parce qu'il est investi d'une valeur supérieure, devait descendre du ciel suprasensible ; il montre, au contraire, qu'il se constitue par transformation des instincts eux-mêmes, laquelle, en certaines circonstances bien déterminées, déclenche un phénomène morbide, mais également très prometteur, la « mauvaise conscience ».

Ces circonstances privilégiées sont le processus d' « intériorisation » de l'homme sous une dure contrainte bloquant la décharge normale des instincts sur le monde extérieur. « Tous les instincts qui n'ont pas de débouché, que quelque force répressive empêche d'éclater au-dehors, retournent *en dedans* — c'est ce que j'appelle *l'intériorisation* de l'homme » (*Généalogie* 101). Entrons davantage dans les détails : l'intériorisation de l'homme « se produit quand des instincts puissants auxquels le soulagement extérieur est interdit par l'organisation de la paix et de la société, tâchent de se dédommager au-dedans avec l'appui de l'imagination. Le besoin d'hostilité, de cruauté, de vengeance, de violence se retourne, « régresse » » (*Vol. Puis.* I 326). Ce refoulement pulsionnel (comme dira plus tard Freud, dont les réflexions, notamment dans *Malaise dans la civilisation*, sont voisines de celles de Nietzsche) oblige les hommes ainsi tourmentés à bouleverser toute leur économie psychique : au lieu de se confier à la spontanéité vitale, ressort des adaptations commodes et ingénieuses, ils ne doivent plus compter que sur les directives, rigides, brutales et médiocrement efficaces de leur *conscience* et de ses fonctions rationnelles : « Ils en étaient réduits à penser, à déduire, à calculer, à combiner des causes et des effets, les malheureux ! Ils en étaient réduits à leur « conscience », à leur organe le plus faible et le plus maladroit ! Je crois que jamais sur terre il n'y eut pareil sentiment de détresse, jamais malaise aussi pesant ! » (*Généalogie* 101). Les instincts refoulés engendrent alors un terrible sentiment de culpabilité ; et l'agent de cette culpabilisation torturante, le bourreau intérieur, c'est précisément la « mauvaise conscience ». Comment ne pas être saisi d'effroi et de dégoût au spectacle de ce masochisme moral fabriqué en permanence par la mauvaise conscience, véritable machine infernale installée au cœur de l'homme ? On aurait tort, néanmoins, de céder à cette impression décourageante. La réalité est, comme toujours, plus nuancée de plus riche d'espoirs secrets. Certes, avec la mauvaise conscience « fut introduite la plus grande et la plus inquiétante de toutes les maladies, dont l'humanité n'est pas encore guérie aujourd'hui, l'homme maladie *de l'homme, malade de lui-même* : conséquence d'un divorce violent avec le passé animal, d'un bond et d'une chute tout à la fois dans de nouvelles conditions d'existence, d'une déclaration de guerre contre les anciens instincts qui jusqu'ici faisaient sa force, sa joie et son caractère redoutable » (*Généalogie* 102). Et pourtant, elle est aussi la matrice des plus hautes chances du destin humain ! « Toute cette « mauvaise conscience » agissante, en véritable génératrice d'événements spirituels et imaginaires, a fini par amener à la lumière — on le devine déjà — une abondance d'affirmations, de nouvelles et d'étranges beautés, et peut-être lui doit-on même la naissance de la beauté » (*Généalogie* 105-106). C'est elle qui, en effet, éveille « l'âme », autrement dit qui creuse la profondeur d'une intériorité psychologique où le moi apprend à s'observer par la conscience réflexive ; c'est elle, encore, qui engendre « l'esprit », que Nietzsche définit comme « la circonspection, la patience, la ruse, la dissimulation, le grand empire sur soi-même » (*Crépuscule* 149), avec les aptitudes à l'abstraction et à la rationalité. L'esprit selon cette interprétation magistrale de Nietzsche — où se laisse d'ailleurs apercevoir l'empreinte de Dostoïewsky et dont on suivra les traces dans les romans de Thomas Mann — procède du *refoulement de la vie* ; c'est une œuvre d'art, au sens où tout art émane d'une liberté devenue créatrice par les entraves qu'on lui impose. Or, Nietzsche y insiste, « cet *instinct de liberté* rendu latent par la force, resserré, refoulé, rentré à l'intérieur, ne trouvant plus dès lors qu'à s'exercer et à s'épancher en lui-même, cet instinct, rien que cet instinct [...] fut au début la *mauvaise conscience* » (*Généalogie* 104-105).

Mais, pour que les magnifiques promesses qu'elle porte en elle puissent se développer (car l'esprit est « ce qu'il y a de plus précieux ») (*Aurore* 197), encore faut-il que la mauvaise conscience ne soit pas dégradée en conscience *pécheresse* ! Or telle est la très fâcheuse mésaventure qui lui arrive, quand la caste sacerdotale se mêle d'intervenir dans le processus de l'intériorisation de l'homme, afin de le capter et de l'utiliser à son avantage. La mauvaise conscience est alors méthodiquement et sournoisement empoisonnée avec la notion du « péché », cette invention machiavélique du prêtre destinée à lui procurer la domination universelle. « Le péché — car tel est le nom donné par le prêtre à la « mauvaise conscience » animale (de la cruauté tournée à rebours) — le péché est resté jusqu'à présent l'événement capital dans l'histoire de l'âme malade : il représente pour nous le tour d'adresse le plus néfaste de l'interprétation religieuse » (*Généalogie* 177-178). L'intériorisation cesse d'être la grande chance de la civilisation humaine pour prendre le masque grimaçant d'une sanction divine contre l'homme déchu. Mais il est aisé de voir en quoi le prêtre a tout à gagner à une telle corruption délibérée de l'âme humaine : puisque la mauvaise conscience, de maladie de croissance qu'elle était à l'origine, est devenue l'épreuve d'une angoisse impuissante, c'est le prêtre qui s'affirme seul qualifié pour soulager cette angoisse — grâce aux drogues des illusions religieuses !

Et ainsi, la caste sacerdotale établit durablement son pouvoir...

Pourtant, même la tromperie sacerdotale ne parvient pas à briser complètement la dynamique culturelle lancée avec le surgissement de la mauvaise conscience. Sans doute plonge-t-elle dans la décadence les populations qu'elle touche et contribue-t-elle à l'élaboration de l'Idéalisme métaphysique, avec sa Morale répressivement dualiste et sa théologie monstrueuse, qui divinise le néant de l'antinature. Mais le nihilisme, dans la mesure où il révèle, par la proclamation de la mort de Dieu, ce néant fabriqué par la volonté de vengeance du prêtre et où il renverse l'Idéal ontologique des philosophes, témoigne d'une lucidité dont il faut découvrir la motivation. Inutile de chercher loin, rétorque Nietzsche : elle se trouve, justement, dans un paradoxal mouvement interne de la Morale elle-même ! Un mouvement qui est, très exactement, une séquence *dialectique* ! Il s'agit, en effet, d'une « *Selbstaufhebung der Moral* » (*Werke* IV 9). formule décisive, mais dont la traduction, pour être correcte, doit sacrifier l'élégance à la rigueur et, de toute façon, n'est pleinement intelligible que par un commentaire. Le point essentiel, et délicat, est le noyau verbal : *Aufheben*, lequel n'a pas de strict correspondant en français et est, en outre, le mot clé... de la dialectique hégélienne ! En calquant sa formule sur la terminologie de Hegel, Nietzsche affiche donc, en quelque sorte, la signification authentiquement dialectique qu'il entend lui donner. Par suite, si, dans la traduction, on se contente de respecter le sens habituel des mots et si l'on suggère : « autodépassement de la Morale », ou encore (afin de mieux souligner l'affinité avec la définition de la volonté de puissance), « opération par laquelle la Morale se surmonte elle-même », on laisse dans l'ombre cette signification dialectique et on mutile, ainsi, la pensée directrice de Nietzsche. L'intelligence du texte requiert donc absolument l'appui du commentaire qui souligne la référence hégélienne et qui, d'ailleurs, ne fait que résumer les explications, très abondantes, de Nietzsche : « On voit *ce qui* a triomphé du Dieu chrétien : c'est la morale chrétienne elle-même, la notion de sincérité prise de plus en plus strictement, c'est la subtilité de la conscience chrétienne aiguisée par le confessionnal et transposée, sublimée finalement, en conscience scientifique, en propreté intellectuelle à tout prix » (*Gai Savoir* 191). En effet, « parmi les facultés que cultivait la morale se trouvait la *véracité* ; elle finit par se retourner contre la morale, pour en découvrir la *téléologie*, les considérations *intéressées*, et maintenant, la *découverte* de ce long mensonge invétéré, dont on désespère de se défaire, agit à la façon d'un stimulant » (*Vol. Puis.* I 114). La Morale se surmonte elle-même en engendrant la « passion de la connaissance » qui rejette l'Idéalisme frelaté de la métaphysique et de la religion décadente et, du coup, déclenche la crise du nihilisme. Ainsi, tout est clair : « le nihilisme marque le fruit d'une « véracité » arrivée à l'âge adulte ; il résulte donc lui-même de la croyance à la morale » (*Vol. Puis.* II 44), parce que le sens de la vérité n'est rien d'autre que le produit de l'auto-dépassement dialectique de la Morale.

Le pragmatisme vital de l'erreur-utile. — La véracité, une fois parvenue à maturité, ne s'en tient point à la critique du mirage métaphysique. Elle incite l'esprit à s'interroger sur le statut fondamental des valeurs que la vie fait éclore par le travail de l'interprétation immédiate et que chaque centre d'interprétation déclare, avec autant de naïveté que d'assurance, être la vérité de son expérience du monde. Sous la lumière crue de cette interrogation intransigeante, la prétendue vérité ne tarde pas à perdre ses couleurs flamboyantes et à prendre la livrée modeste d'une simple *erreur-utile.* « Elle *est une sorte d'erreur*, faute de laquelle une certaine espèce d'êtres vivants ne pourraient vivre. Ce qui décide en dernier ressort, c'est sa valeur pour la *vie* » (*Vol. Puis.* I 292). Il n'entre aucunement dans les intentions de Nietzsche de récuser cette valeur-utile, sous prétexte, justement, qu'elle n'a pas le caractère absolu que l'on a l'habitude d'attribuer au vrai et qu'on doit, en l'envisageant comme une fonction relative à la vie, la qualifier d'erreur par contraste avec une définition plus radicale ; Nietzsche insiste, au contraire, sur la positivité de l'erreur enracinée dans le pragmatisme vital : « Qu'un jugement soit faux, ce n'est pas, à notre avis, une objection contre ce jugement ; voilà peut-être l'une des affirmations les plus surprenantes de notre langage nouveau. Le tout est de savoir dans quelle mesure ce jugement est propre à promouvoir la vie, à l'entretenir, à conserver l'espèce, voire à l'améliorer » (*Par-delà* 26-27). Mais alors, il importe d'autant plus de ne pas se leurrer sur la signification de cette utilité pour la vie. Tandis que pour le pragmatisme vital, l'utilité d'une connaissance enveloppe, par là même, le critère de sa vérité, elle ne conserve, devant l'arbitrage plus sévère de la véracité nietzschéenne, que le statut d'une *fiction efficace.* La force de la certitude avec laquelle une interprétation se recommande à nous indique bien, et souvent de façon très précise, le degré de l'intérêt qu'elle présente pour nous, mais une telle nécessité ne prouve rien encore en ce qui concerne la vérité intrinsèque de l'interprétation. Gardons-nous d'assimiler le vrai que détient une interprétation juste à l'avantage que nous offre une « croyance » ! On évitera cette confusion pourvu qu'on distingue, à l'exemple de Nietzsche, la véracité et l'acte de « tenir pour vrai » *(Für-wahr-halten)*, principe de la croyance. « Qu'une grande somme de *croyance* soit nécessaire ; que l'on soit en mesure de juger ; qu'il n'y ait pas de doute possible quant aux valeurs essentielles : c'est la condition préalable de tout vivant et de son existence. Il est donc nécessaire qu'il y ait des choses *tenues pour vraies*, non pas des choses *vraies* » (*Vol. Puis.* I 97).

Du reste, nous comprenons mieux, maintenant, comment l'Idéalisme métaphysique a pu nous égarer ; il lui a suffi de pousser à son extrême limite le préjugé déjà contenu dans toute croyance, et d'après lequel l'utilité est le critère du vrai ; l'Idéalisme est, ainsi, au bout du compte, un *pragmatisme hyperbolique*, érigeant en doctrine raisonnée une foi pratique immédiate et régionale. Mais surtout c'est un pragmatisme *corrompu* et changé en maladie culturelle, puisque, s'il continue d'exprimer les besoins d'un certain type de vie, ce dernier est la décadence elle-même, et les croyances qui la favorisent sont donc des attentats contre la vie la plus réelle — contre la vie *ascendante*. L'identification métaphysique de l'Etre et du Bien, entendu au sens moral, apparaît ainsi comme une croyance utile à la perpétuation de la vie impuissante, mais du même coup nocive aux créateurs. L'utilité n'est donc pas une qualification fixe et univoque ; elle doit être déterminée généalogiquement, c'est-à-dire en fonction du type de vie qu'elle concerne. « Il s'ensuit que toute *morale contre nature* qui considère Dieu comme l'idée contraire, comme la condamnation de la vie, n'est en réalité qu'une évaluation de la vie — de *quelle* vie ? de *quelle* espèce de vie ? Mais j'ai déjà donné ma réponse : de la vie descendante, affaiblie, fatiguée, condamnée » (*Crépuscule* 114).

Il n'empêche que, s'agit-il de faiblesse ou de force, de décadence ou de vie ascendante, le pragmatisme de la « vérité » utile est toujours accroché à un postulat que seule la discipline la plus astreignante de l'intelligence lucide est capable de discerner et de remettre en cause. Face à la véracité nietzschéenne c'est donc la totalité du pragmatisme vital qui, parce que pénétrée dans son essence, est rendue problématique et relative. Le doute atteint, en effet, la nature de la relation entre la vie et la connaissance. On s'est constamment imaginé que la vie est, par essence, orientée vers la connaissance du vrai, que la volonté de vérité lui est consubstantielle. Voilà le préjugé, patronné bien entendu par l'Idéalisme métaphysique, avec lequel il est urgent de rompre ! Et la rupture est consommée, dès que la véracité prend la parole, et oppose au pragmatisme de la valeur utile à la vie cette sobre et aventureuse pensée : « la vie n'est pas un argument ; car l'erreur pourrait se trouver parmi les conditions de la vie » (*Gai Savoir* 103).

Le recul que donne une telle réflexion fait que la structure de l'erreur-utile se laisse clairement apercevoir, et qu'il devient alors possible d'expliquer pourquoi le pragmatisme vital ne produit que des fictions rentables. L'interprétation d'après des valeurs est une opération qui, ayant pour but d'adapter le monde aux besoins et aux intérêts d'un certain type d'organisme, procède par simplification et solidification du réel. Son résultat : un monde arrangé, remodelé, stabilisé, à l'intérieur duquel ce type d'organisme jouit d'une sécurité relative et peut donc œuvrer avec les meilleures chances de succès. L'assimilation a ainsi pour effet de réduire l'Autre — le devenir — à l'identité du Même (la représentation fixe qui est à l'image du type d'organisme opérateur).

Il s'agit, régulièrement, d'une schématisation et d'une structuration de ce qui fait l'essence intime du réel, à savoir *le devenir*, pour que ce devenir se prête aux impératifs d'une praxis efficace. « Dans un monde *en devenir*, écrit Nietzsche, la « réalité » est toujours une *simplification* pour des fins pratiques » (*Vol. Puis.* I 111). Les facultés intellectuelles et les catégories de la pensée abstraite fonctionnent en vertu de ce même principe : organiser le devenir en formes suffisamment nettes et durables pour que l'on réussisse à s'orienter dans le milieu environnant et à le dominer. Elles s'emploient donc à introduire partout l'unité, l'identité, les ressemblances grâce à quoi des formes peuvent se dégager du chaos. Mais on aurait grandement tort de parler, à ce sujet, de connaissance rigoureuse ! On ne rencontre ici que l'activité diligente de la croyance, soucieuse de tout réduire à l'homogène. « *Il semble de la sorte qu'il y ait des choses analogues et identiques. La connaissance réduit faussement l'innombrable diversité des faits à l'identité, à l'analogie, à des quantités dénombrables* » (*Vol. Puis.* I 286).

En second lieu, le pragmatisme vital s'acharne à figer le devenir en agglomérats permanents, à le pétrifier en « être » (*Vol. Puis.* I 78). D'où la faveur dont bénéficient les idées de l' « être » et de la substance, refuges contre les vicissitudes du monde en devenir. D'où aussi l'effort pour structurer le flux des impressions sensibles autour de quelques figures immuables, les « choses » de notre perception familière.

Or simplification et solidification, comme moyens privilégiés de dompter la réalité du devenir, ne sont-elles pas des violences infligées au devenir, de sorte que celui-ci est *déformé* et rendu *méconnaissable* par cette interprétation vitale qui prétend le *mettre en formes* afin de le *connaître* ? Mais si ! Nietzsche avait donc raison de refuser aux valeurs-utiles le titre de « vérités » et de les ranger dans la rubrique des fictions ingénieuses. Il y a, effectivement « *double falsification*, l'une venant des sens, l'autre de l'esprit, destinées à produire un monde de l'être, du permanent, de l'équivalent » (*Vol. Puis.* I 251). Au niveau proprement humain, le pragmatisme n'est ainsi rien d'autre qu'une entreprise collective d'humanisation de la Nature (*Vol. Puis.* I 148), sous la présidence de la technique. De sorte que « le monde des « phénomènes » est ce monde arrangé que *nous sentons comme réel*. La « réalité » réside dans le retour constant de choses identiques, connues, apparentées, dans leur *caractère logique*, dans la croyance que nous pouvons les calculer, les prévoir » (*Vol. Puis.* I 99).

Le jeu de l'illusion et de la vérité. — Il est temps de considérer en elle-même cette exigence de véracité qui, déployée par « l'esprit », est instigatrice du dépassement par lequel se trouve finalement surmontée et relativisée la signification du pragmatisme vital. Nietzsche la célèbre sous le beau nom de « *passion de la connaissance* » (*Posthumes* 62) et il lui prédit un destin grandiose ; « *La passion de la connaissance existe* ; c'est une puissance énorme, nouvelle, croissante, telle qu'on n'en a jamais vue » (*Vol. Puis.* II 177). Un vouloir léonin l'assume : « affranchi d'un bonheur servile, délivré des dieux et des cultes, sans peur et terrible, grand et solitaire, tel doit être le vouloir du véridique » (*Zarathoustra* 219). Elle est l'âme de la philosophie héroïque dont Nietzsche attend qu'elle nous arrache au nihilisme moderne : « Nous rendrons la philosophie dangereuse, nous en changerons la notion, nous enseignerons une philosophie qui soit *un danger pour la vie* ; comment pourrions-nous la mieux servir ? » (*Vol. Puis.* II 126). Et Nietzsche d'annoncer « l'avènement d'une époque plus virile, plus guerrière, qui honorera la bravoure avant tout ! Car elle préparera à son tour la venue d'une époque plus haute, elle collectera les forces dont celle-ci aura besoin un jour ; celle-ci : celle qui introduira l'héroïsme dans la connaissance, qui fera la guerre pour la pensée, pour les conséquences de l'idée » (*Gai Savoir* 140).

L'exigence de véracité nous inspire le mépris salvateur à l'égard des petits charlatans de la Culture, que la recherche des vaines gloires oblige à « penser bassement ». Elle est l'antidote de la vulgarité des âmes médiocres, uniquement motivées par le souci de l'intérêt égoïste et du confort banal. Nietzsche nous avertit : « Soyez sur vos gardes, hommes supérieurs. Il n'est rien qui me semble aujourd'hui plus précieux ni plus rare que la probité » (*Zarathoustra* 559).

Nietzsche évoque ici la « probité philologique » sans laquelle on ne saurait fonder et développer l'art de l'interprétation, où doit exceller le philosophe héroïque. Respecter scrupuleusement le texte de la réalité, s'abstenir d'effacer de ce texte ce qui inquiète, effarouche, répugne, tenir en bride le jugement afin de laisser la parole aux choses elles-mêmes, voilà en quoi consiste l'art de l'interprétation, art *noble* par nature (*Crépuscule* 137), guidé par le sens de la *justice*. Car être juste, c'est « donner à chaque objet, vif ou mort, réel ou imaginaire, ce qui lui revient » (*Humain* II 204). La justice elle-même n'a rien de commun avec l'objectivité dont se flatte la science ; celle-ci implique la neutralité, l'impersonnalité, tandis que celle-là réclame précisément la passion de la connaissance, donc un engagement existentiel : « le « désintéressement » n'a aucune valeur ni dans le ciel ni sur la terre ; les grands problèmes exigent tous le *grand* amour, et seuls les esprits vigoureux, nets et sûrs, d'assiette solide, sont capables de ce grand amour. Il y a une différence énorme entre le penseur qui engage sa personnalité dans l'étude de ses problèmes au point de faire d'eux sa destinée, sa peine et son plus grand bonheur, et celui qui est resté « impersonnel » : celui qui ne sait et les palper et les saisir que du bout des antennes d'une froide curiosité » (*Gai Savoir* 176).

Mais comment s'y prendre, concrètement, pour déchiffrer, selon l'esprit de la justice, le texte de la réalité qui est, par essence, ambigu par sa surdétermination, et déroutant par ses contradictions incessantes ? La méthodologie de l'interprétation devient, selon Nietzsche, une question d'attitude : le philosophe doit être un homme de l' « essai » *(Versuch)*, réfractaire à toute ambition de système, à toute volonté de totalisation dogmatique, et qui procède par multiplication des perspectives, changement des points de vue. Puisque le seul être véritable du monde c'est le devenir, avec ses perpétuelles métamorphoses, l'impératif, précédemment cité, de « voir les choses comme elles *sont* » ne se peut actualiser que dans l'aptitude à « les voir par cent yeux, à travers *diverses* personnes » (*Vol. Puis.* II 355). Ou encore, répète Nietzsche : « Notre préoccupation la plus grave, c'est de comprendre que toute chose est en devenir, de nous renier nous-mêmes comme individus, de voir le monde par le *plus grand nombre* d'yeux possible » (*Vol. Puis.* II 177-178).

Mais la qualité primordiale, c'est le courage, car « l'erreur est une *lâcheté*... Toute conquête de la connaissance *résulte* du courage, de la dureté envers soi, de la netteté envers soi » (*Vol. Puis.* II 229). « Il faut du courage, et — sa condition — un excès de force : car aussi loin que le courage ose avancer, aussi loin, selon sa force, on progresse vers le vrai » (*Ecce Homo* 89). Dès qu'on s'élève au-dessus du pragmatisme vital, parce qu'on applique le sévère précepte de la justice : « il ne faut jamais demander si la vérité est utile » (*Antéchrist* 193), c'est en effet à un abîme qu'on se trouve confronté ; la vérité ultime de la connaissance est essentiellement, selon Nietzsche, une vérité *tragique*. Vérité redoutable, dont la découverte évoque les images de la tempête et de la foudre : « Peu à peu l'agitation augmente ; quelques éclairs sillonnent l'horizon ; des vérités des plus désagréables se font entendre au loin avec des grondements sourds, jusqu'au moment où un formidable *tempo feroce* vient tout rouler au premier plan. Pour terminer, toutes les fois, au milieu de détonations absolument terribles, une nouvelle vérité se fait jour entre les nuages » (*Ecce Homo* 144). Vérité cruelle, aveuglant Œdipe : « Voilà la vérité que je découvre inscrite dans cette effroyable trinité des destins d'Œdipe : le même homme qui résout l'énigme de la nature, ce sphinx double dans son essence, brisera aussi les lois les plus sacrées de la nature en devenant le meurtrier de son père et l'époux de sa mère. Mieux : ce mythe semble vouloir nous insinuer que la sagesse, et plus précisément la sagesse dionysiaque, est une monstruosité contre nature et que celui qui par sa sagesse précipite la nature dans l'abîme du néant mérite d'être détruit par la nature » (*Naissance* 52). L'essence d'une telle vérité réside dans son irrémédiable inhumanité ; elle marque la complète discordance entre les désirs humains et le fond des choses, la radicale étrangeté de l'Etre par rapport à l'existence humaine. Rappelons-nous, à cet égard que, au point de fuite de toutes les interprétations, nous avions rencontré le chaos, et que, sous les sédimentations des valeurs auxquelles la vie se cramponne nous n'avons atteint que le tourbillon d'un éternel devenir ! Nulle part, en revanche, un Idéal consolateur ou un Dieu paternel...

Toutefois, nous avons maintenant assez fréquenté le style de pensée nietzschéen pour deviner déjà que Nietzsche évitera soigneusement de porter à l'absolu — illusion typiquement métaphysique ! — la signification de cette vérité originaire qui fracasse nos valeurs et nos mesures trop humaines. La probité philologique envers le texte de la Nature et l'impératif de la justice doivent eux-mêmes respecter la limite. Ici donc, au lieu de l'exaltation suspecte à laquelle se serait complu un esprit de moindre envergure que Nietzsche, et au lieu du romantisme déclamatoire qui aurait séduit les tempéraments nihilistes, on assiste à un retournement de la pensée qui nous ramène à une *apologie de la Mesure*, au nom de laquelle Nietzsche va célébrer les mérites de... l'illusion et de l'erreur vitales ! On a là, sous les yeux, un des plus beaux exemples de la méthode et de l'inspiration de la philosophie nietzschéenne. La méditation de Nietzsche sur l'interprétation et sur la vérité représente ainsi le paradigme auquel il faut constamment s'arrêter, si l'on veut comprendre Nietzsche, et non en faire un prétexte à divagations narcissiques.

Par cette réflexion sur la nécessité de la limite, réflexion qui invite à concéder que « *c'est une des exagérations les plus dangereuses* que de vouloir la connaissance non au service de la vie, mais pour elle-même » (*Vol. Puis.* I 88) et que « le besoin immodéré du savoir est aussi barbare en soi que la haine du savoir » (*Nais. Philo.* 34), Nietzsche a conscience de nous apprendre à douter mieux que Descartes (*Werke* XIV 5). Chez Descartes, en effet, le doute n'est que provisoire, il sert à baliser le chemin à une certitude absolue ; en outre, il postule la foi dans la valeur *divine* de la vérité et dans les ressources de la raison humaine. Le Dieu cartésien — que l'on rencontre au bout d'une démonstration — chasse le « Malin Génie » et, avec lui, l'esprit de mensonge et d'erreur ; il est le garant suprême du Bien et de l'évidence. Nietzsche, lui, demande que le doute soit franchement radical et qu'il atteigne donc le postulat tacite selon lequel le vrai est *inconditionnellement* digne d'être recherché. Bref, il exige que l'on doute du droit de la vérité à se poser en absolu, et qu'on prenne, enfin, en considération les droits de l'illusion et de l'erreur.

Car, « si l'on voulait sortir du monde des perspectives, on ferait naufrage. *Abolir* les grandes illusions déjà complétement assimilées détruirait l'humanité » (*Vol. Puis.* II 182). La volonté de justice *à tout prix* aboutirait à l'injustice la plus ravageuse ; elle ébranlerait les bases réelles de la vie ; elle étoufferait même le projet de connaître. « Dès que nous poussons trop loin la justice et que nous effritons le roc de notre individualité, dès que nous renonçons totalement à l'injuste solidité de notre point de départ, nous perdons toute possibilité de connaître » (*Vol. Puis.* II 176). La vérité originaire est ce chaos que l'on ne peut apercevoir qu'à la dérobée, en profitant d'un instant de concentration exceptionnel du regard, et en oubliant tous nos points de repère familiers ; elle est comme ce qui, soudain, nous éblouit, à l'occasion d'une déchirure de notre système de valeurs. Le doute nietzschéen ne conduit pas, ainsi, dans le giron d'un Dieu-Providence, mais nous reconduit au perspectivisme de l'illusion nécessaire à la vie. « On peut bien discerner, en somme, l'erreur fondamentale sur laquelle tout repose (car les antinomies peuvent être *pensées*), mais cette erreur ne peut être détruite qu'avec la vie ; la vérité dernière qui est celle du flux éternel de toute chose ne supporte pas de nous être *incorporée* ; nos organes (qui servent la *vie*) sont faits en vue de l'erreur » (*Vol. Puis.* II 178).

Deux concepts aident à articuler les deux volets (pragmatisme vital et probité philologique) qui forment l'expérience concrète de la connaissance, et soulignent l'influence d'Héraclite sur la méditation nietzschéenne ; d'abord le concept du « combat ». L'illusion et la vérité sont engagées dans une joute fraternelle, et cette compétition s'inscrit bien dans la ligne de la volonté de puissance. « Quand même nous serions assez insensés pour considérer comme vraies toutes nos opinions, nous ne désirerions cependant pas qu'elles existassent seules : je ne sais pas pourquoi il faudrait désirer la toute-puissance et la tyrannie de la vérité ; il me suffit de savoir que la vérité possède une *grande puissance*. Mais il faut qu'elle puisse *lutter*, et qu'elle ait une opposition, et que l'on puisse de temps en temps *se reposer* d'elle dans le non-vrai » (*Aurore* 374-375). Puis le concept du « *voile* » : il donne à entendre que la vérité requiert l'illusion pour se dissimuler elle-même à une curiosité trop avide, à cette « familiarité de la patte » dont la trivialité offusquait Nietzsche sur le plan des relations humaines. La vérité aime à se cacher, parce qu'elle veut se réserver à l'exception.

Le secret n'est-il pas l'ami de ce qui est rare ? Donc « on devrait honorer davantage la pudeur que la nature met à se cacher derrière l'énigme et les incertitudes. Peut-être la nature est-elle une femme qui a ses raisons pour ne pas laisser voir ses raisons ? » (*Gai Savoir* 13).

L'art, protecteur de la vie. — Par une de ces amplifications où se manifeste la profondeur de la pensée (car les rapprochements qu'elle suppose élucident *l'essence* même de ce dont elle traite), Nietzsche confère à l'art une extension si large qu'il peut rassembler, sous ce concept de l'art, toutes les activités *créatrices de formes* et, en cela, *matrices d'illusions*. Quelle hauteur d'intelligence, en comparaison des analyses courantes, où l'art se trouve confiné dans le domaine des beaux-arts et n'alimente que les ratiocinations des experts de « l'Esthétique » ! L'art est ainsi soustrait à un concept platement anthropomorphique, il cesse d'être l'apanage de l'homme, pour être restitué à sa véritable origine, à la Nature elle-même, autrement dit à la puissance démiurgique qui est à l'œuvre dans les réalisations du monde (cf. *La Naissance de la tragédie*, 21-22). En outre, est extirpée la vieille erreur, commune à presque toutes les philosophies, qui consiste à expliquer l'art en se plaçant, non au point de vue du créateur, comme il serait légitime, mais au point de vue du spectateur ; avec pour sanction l'inflation de l'idée du « beau », régulièrement défini, de plus, selon les canons du prétendu « bon goût », ce valet du conformisme paresseux !

Médité, au contraire, selon son principe, l'art est, chez Nietzsche, essentiellement une *production* ou, plus exactement encore, une *construction de formes*. Il y a authentiquement « art » chaque fois qu'une matière est organisée en formes et en figures. En vertu de ce critère, un organisme fait déjà œuvre d'artiste : « la physiologie de degré supérieur saura, certes, comprendre la présence des énergies artistes dans notre développement, et non seulement dans celui de l'homme, mais encore dans celui de l'animal ; elle dira qu'avec l'*organique* commence aussi l'*artistique* » (*Fragments* 11). Anticipant sur l'interprétation freudienne de la libido, Nietzsche défend cette intuition hardie : « *la force plastique inconsciente* se révèle dans la *génération* ; il y a bien là un instinct artiste à l'œuvre » (*Vol. Puis.* I 228). Simultanément — et parce que toute création de formes est, pour Nietzsche, occultation du fond dont les formes sont tirées — l'art est *le voile* des apparences qui nous dissimulent magiquement le chaos, donc l'illusion protectrice de la vie elle-même. « Si nous n'avions pas approuvé les arts, si nous n'avions pas inventé cette sorte de culte de l'erreur, nous ne pourrions pas supporter de voir ce que nous montre la Science : l'universalité du non-vrai, du mensonge, et que la folie et l'erreur sont conditions du monde intellectuel et sensible. La *loyauté* aurait pour conséquence le dégoût et le suicide. Mais à notre loyauté s'oppose un contrepoids qui aide à éviter de telles suites : c'est l'art, en tant que *bonne* volonté de l'illusion » (*Gai Savoir* 93). L'art est donc, par excellence, « un remède à la connaissance. La vie n'est possible que grâce à des *illusions d'art* » (*Naissance* 208).

Alors éclate à l'évidence l'idée capitale sous-jacente à toute l'argumentation nietzschéenne : le pragmatisme vital, replacé sous cet éclairage, n'est lui-même rien d'autre qu'une expression de l'art. N'en recèle-t-il pas les deux caractéristiques : la puissance plastique et, par ses valeurs, la production d'illusions utiles à la vie ? Dans un texte particulièrement dense, Nietzsche justifie et explique cette assimilation : « *identité* de nature entre le *conquérant*, le *législateur* et l'*artiste* — la même façon de se traduire dans la matière ; la plus extrême énergie [...]. *Transformer le monde*, afin de pouvoir *tolérer d'y vivre*, voilà l'instinct moteur » (*Vol. Puis.* II 260). Cette idée le jeune Nietzsche la maîtrisait déjà (nouvelle preuve de la continuité remarquable de la pensée nietzschéenne !) : « C'est seulement parce que l'on oublie ce monde primitif des métaphores, c'est seulement parce qu'on solidifie et qu'on fige la masse des images originaires qui, telle une lave brûlante, jaillissent de la faculté originaire de l'imagination humaine, c'est seulement parce qu'on nourrit la croyance invincible que *ce* soleil, *cette* fenêtre, *cette* table, sont une vérité en soi, bref, c'est seulement parce que l'homme s'oublie [...] en tant que sujet *doué d'un pouvoir de création artistique*, c'est pour ces raisons seules que l'homme vit avec quelque tranquillité, quelque sécurité et esprit de suite » (*Werke* X 199). Ainsi, « nous avons *l'art* afin de ne pas mourir *de la vérité* » (*Werke* XVI 248).

La vérité et l'illusion, la connaissance et la vie, la justice et le pragmatisme des valeurs s'entrelacent pour constituer le Jeu du Monde : « *Welt, Weltspiel* » (*Werke* V 349). « Jeu divin, qui se joue par-delà le Bien et le Mal » (*Werke* XIV 75) !

Chapitre IV

LA VOLONTÉ DE PUISSANCE

Sagesse du corps. — En partant de la conscience, on se forme une représentation superficielle et aberrante de la vie psychique, on est dupe de la fausse coupure entre l'âme et le corps, on est irrésistiblement attiré vers l'Idéalisme et fasciné par les mirages de la métaphysique. Veut-on, une bonne fois, se donner les moyens d'une interprétation en prise sur la réalité, alors nulle hésitation à avoir : il faut, affirme Nietzsche, cesser d'accorder crédit à la conscience et se tourner vers le corps. Car c'est le corps qui est seul en mesure de nous instruire sur la valeur de notre personnalité profonde. Nous placer, pour déchiffrer le monde, au point de vue du corps, telle est la déconcertante mais fructueuse « Révolution copernicienne » que nous suggère Nietzsche et qui, par comparaison avec la célèbre Révolution kantienne, va substituer au cogito transcendantal (comme d'ailleurs à tout cogito cautionné par la conscience de soi) la compréhension vivante qui définit la *subjectivité corporelle.* Il s'agit bien, en effet, d'un corps dont non seulement la conscience est une simple fonction parmi d'autres, mais dont l'activité est toujours déjà, par elle-même, manifestation d'une subjectivité, autrement dit *production intentionnelle de significations.* Aussi

Nietzsche choisit-il de parler du corps comme d'un « Soi » *(das Selbst)* et d'en magnifier « la grande raison » : « Le corps est une grande raison, une multitude unanime, un état de paix et de guerre, un troupeau et son berger. Cette petite raison que tu appelles ton esprit, ô mon frère, n'est qu'un instrument de ton corps, et un bien petit instrument, un jouet de ta grande raison » (*Zarathoustra* 93). Dès lors il n'est plus scandaleux (sauf pour un zélateur inconditionnel du cogito !) d'attribuer la *pensée* au corps lui-même : « Il est admis, ici, déclare Nietzsche avec une tranquille assurance, que tout l'organisme pense, que toutes les formations organiques participent au penser, au sentir, au vouloir, et, en conséquence, que le cerveau est seulement un énorme appareil de concentration » (*Fragments* 40). Le dualisme cartésien de la *res cogitans* et de la *res extensa* est bousculé par des formules du genre de celle-ci : « Partout où nous voyons ou devinons un mouvement dans le corps, il faut conclure à une vie invisible et subjective qui s'y rattache » (*Vol. Puis.* I 268).

Mieux : il faut consentir à s'avouer que cette pensée corporelle, *inconsciente*, avec toute sa gamme d'opérations délicates telles que juger, imaginer, créer des valeurs, est beaucoup plus perfectionnée et subtile que la pensée consciente associée au moi et à l'intellect : « La splendide cohésion des vivants les plus multiples, la façon dont les activités supérieures et inférieures s'ajustent et s'intègrent les unes aux autres, cette obéissance multiforme, non pas aveugle, bien moins encore mécanique, mais critique, prudente, soigneuse, voire rebelle — tout ce phénomène du « corps » est, au point de vue intellectuel, aussi supérieur à notre conscience, à notre « esprit », à nos façons conscientes de penser, de sentir et de vouloir, que l'algèbre est supérieure à la table de multiplication » (*Vol. Puis.* I 266). On s'en convaincra aisément pourvu que l'on veille, au lieu de s'hypnotiser sur l'évidence ponctuelle du cogito, à réinsérer la conscience dans le contexte de la vie et du monde réel. Il apparaît alors clairement que les intermittences de la conscience de soi et les grossières erreurs qu'elle commet, autant dans ses appréciations du monde extérieur que dans sa représentation du corps, auraient rendu impossible le développement des organismes si le corps n'assurait pas déjà continûment la solution des problèmes fondamentaux. De sorte que l'intellect, et en général les facultés de l'esprit conscient, ne sont appelés à intervenir que de façon occasionnelle, d'après des consignes communiquées par le corps lui-même (*Vol. Puis.* I 278).

Mais cette subjectivité globale du corps est elle-même le rassemblement d'une foule de subjectivités solidaires les unes des autres, selon des structures de hiérarchisation à la fois très complexes et en constante mutation, car l'harmonie, ici comme ailleurs, ne saurait procéder que d'une lutte. « Guidés par ce fil directeur du corps [...] nous apprenons que notre vie n'est possible que grâce au jeu combiné de nombreuses intelligences de valeur très inégale, donc grâce à un perpétuel échange d'obéissance et de commandement sous des formes innombrables » (*Vol. Puis.* I 267).

Chacune de ces subjectivités organiques correspond à ce que nous saisissons, mais seulement à travers la représentation plus ou moins approximative de notre conscience, en tant qu' « instincts ». Ces instincts sont des pulsions investies d'un certain *quantum* d'énergie vitale et dont le travail, effectué dans les profondeurs du Soi corporel, reste dissimulé à l'observation consciente ; de la vigueur de ces instincts, et de la qualité de leur discernement dépendent les aptitudes de chaque personnalité et la détermination de son destin. Par conséquent, « le génie réside dans l'instinct, la bonté aussi. Il n'y a d'acte parfait que l'acte instinctif » (*Vol. Puis.* I 276). Le corollaire de cette proposition capitale donne la clé de la décadence : le décadent est la personnalité dont les instincts sont débilités et rendus anarchiques, par défaillance du système régulateur qui garantit l'unité du Soi, de sorte qu'elle est obligée de s'appuyer sur sa conscience et sa raison, en se fabriquant, avec la discipline ascétique de la Morale, un piteux ersatz de la souple intelligence adaptative des instincts. Le décadent est un infirme de l'instinct, qui essaie de compenser ses manques par une hypertrophie de la logique et de la conscience du pur Devoir.

La volonté de puissance, essence de l'Etre. — En prenant, comme Nietzsche le conseille, le corps pour guide, nous sommes conduits infailliblement à l'idée de la « volonté de puissance » *(Wille zur Macht)*, thème central de la philosophie nietzschéenne. Car le corps est bien, selon Nietzsche, le phénomène privilégié où se laissent apercevoir les traits essentiels de la volonté de puissance. Et, de plus, c'est à l'école du corps que nous éduquons le mieux notre vigilance critique à l'égard des commentaires trompeurs que suscite le mot de « volonté de puissance », dès lors que l'on s'imagine pouvoir le comprendre d'après les significations immédiates qu'il véhicule. En réalité, ces significations sont des sédimentations culturelles à quoi la paresse de l'esprit et le sectarisme accrochent leurs opinions triviales. Par suite, et notamment dans ses emplois journalistiques, le mot de « volonté de puissance » a perdu toute sa densité d'*idée* nietzschéenne pour devenir une nichée de contresens et de sophismes. Il résume en lui à peu près tous les préjugés que Nietzsche s'était juré... de combattre !

Reconnaissons cependant que l'idée elle-même, comme toute grande idée en philosophie, est à la fois très claire et difficile à penser, dans la mesure où elle échappe à l'intuition directe. Cherchant à atteindre l'Etre dans son essence, elle se construit par *inférence* (mais n'oublions pas la part, incontrôlable, de la *découverte* !) sur la base d'une multitude d'indices qu'il n'est pas toujours aisé de retrouver et de regrouper. Dans le cas de la philosophie nietzschéenne, l'analyse du corps offre déjà, justement, un de ces « points de départ visibles » dont parle K. Jaspers, et c'est à bon droit, donc, que Nietzsche lui-même en souligne l'intérêt majeur. Mais naturellement il y en a d'autres, et ce sont eux qui ont aussi aidé à interpréter correctement le phénomène du corps comme manifestation de la volonté de puissance ; au premier rang, la réflexion sur la culture grecque et la réflexion sur l'activité de la connaissance comme interprétation. C'est à la condition expresse de garder ces références décisives bien présentes à la mémoire que l'on peut discuter les notions qui, de prime abord, semblent évidentes, mais se révèlent égarantes si on les considère comme les vraies explications du concept de *Wille zur Macht*.

Trois de ces notions exigent un bref examen critique, à cause de leur statut ambigu : simultanément, en effet, elles menacent de fausser notre compréhension de la volonté de puissance et correspondent bien, néanmoins, à des déterminations légitimes, impliquées en vérité par l'idée même de volonté de puissance. D'abord, la notion de « *vie* ». Attention à ne pas y voir la caution d'un biologisme nietzschéen, substituant au « *struggle for life* » de Darwin la lutte pour la prééminence ! Car non seulement Nietzsche ne l'utilise pas pour défendre une nouvelle théorie biologique, mais encore il la surdétermine philosophiquement, afin de lui faire connoter l'opposition entre spéculation abstraite et expérience existentielle, une symbolique de la féminité, et, surtout, le thème proprement généalogique de la lutte entre *force* et *faiblesse.* Loin de réduire l'Etre à la vie biologique, c'est, chez Nietzsche, la vie naturelle qui apparaît comme « un cas particulier de la volonté de puissance » (*Vol. Puis.* I 208). Quant à la notion de « *pouvoir* », dans son acception sinistrement quotidienne de violence et de domination *sur autrui*, Nietzsche l'associe à la psychologie du « sentiment de puissance » dont il nous donne une série d'analyses magistrales ; mais pour introduire aussitôt une évaluation « aristocratique » de ce sentiment de puissance qui bouleverse de fond en comble les évaluations habituelles, puisqu'elle exalte la domination *sur soi*, l'héroïsme de la connaissance et la sublimation esthétique des instincts, au détriment de la violence barbare, caractéristique de l'individu vulgaire et médiocre. Et Nietzsche de citer le Brahmanisme comme exemple d'un pouvoir noble, fondé sur la totale maîtrise du sentiment de la puissance (*Aurore* 73) !

Venons-en, pour finir, à la notion même de « *force* », grevée, elle aussi, de lourdes hypothèques. Envisagée au niveau psychologique, où elle est conjuguée avec l'analyse du sentiment de la puissance, l'essentiel du jugement de Nietzsche tient dans ce texte : « J'ai trouvé la force où on ne la cherche pas, chez des hommes simples, doux et obligeants, sans le moindre penchant à la domination — et inversement le goût de dominer m'est souvent apparu comme un signe de faiblesse intime ; ils craignent leur âme d'esclave et la drapent d'un manteau royal (ils finissent par devenir les esclaves de leurs partisans, de leur réputation, etc.). Les natures puissantes *règnent*, c'est une nécessité, sans avoir même besoin de lever le doigt, dussent-elles, de leur vivant, s'enterrer dans une chaumière » (*Vol. Puis.* II 268). Mais la notion de force déborde très largement le cadre psychologique, et, en particulier, est omniprésente dans les travaux de la Physique, que Nietzsche aimait à consulter. Nietzsche se devait donc de lui accorder l'attention la plus aiguë ; outre qu'elle lui est indispensable pour doter la volonté de puissance de sa signification *quantitative*, en la définissant comme investissement variable des quantités d'énergie, elle lui offre le concept pilote de cette inférence amplifiante sur laquelle Nietzsche compte pour bâtir sa *cosmologie* de la volonté de puissance : entendons par là une interprétation du monde par universalisation du concept de volonté de puissance, selon le programme ambitieux fixé au paragraphe 36 de *Par-delà le Bien et le Mal*. On débuterait par l'interprétation du corps et des instincts, on en généraliserait les résultats en les appliquant à la vie organique, et on achèverait l'argumentation en y englobant la théorie de la matière. L'entreprise est séduisante, et elle ne contredit pas les principes de la méthodologie de l'interprétation, *sous réserve*, cependant, qu'on ne lui accorde pas la valeur dogmatique d'une totalisation absolue ; car celle-ci, c'est trop clair, tomberait sous le coup des critiques que Nietzsche lui-même adressait à la métaphysique traditionnelle de l'Un et de la Totalité. Elle confirme, de plus, que la notion de force, loin d'expliquer l'idée de la volonté de puissance, n'est jamais elle-même intelligible, chez Nietzsche, que par son rattachement à une construction spéculative dont les origines transcendent le plan des données empiriques de la Nature. C'est bien la pensée *philosophique* qui élucide le sens de la force, telle qu'elle se manifeste dans les multiples événements de la réalité naturelle — et nullement l'inverse, comme on a tendance à le croire quand on n'a pas une compréhension suffisante de ce qu'est la pensée philosophique...

La seule formulation pleinement adéquate est alors celle qui protège la vérité proprement philosophique de la méditation nietzschéenne en la plaçant solennellement sous l'égide de *l'Etre*, comme le fait Nietzsche dans cette définition : « l'essence la plus intime de l'Etre est la volonté de puissance » (*Vol. Puis.* I 217) (« *Wenn das innerste Wesen des Seins Wille zur Macht ist* », *Werke* XVI 156). Et c'est bien, en effet, toujours l'Etre que Nietzsche a en vue lorsqu'il évoque le « caractère intelligible » ou l' « intériorité » du monde : « Un nom déterminé pour cette réalité serait « la volonté de puissance », en tant que la réalité serait désignée du dedans et non pas à partir de sa nature protéique, fluente et insaisissable » (*Werke* XIII 50). Dès lors, le concept de la volonté de puissance n'est pas une étiquette nietzschéenne pour un quelconque biologisme, physicalisme, dynamisme ou naturalisme (ces paravents d'une métaphysique honteuse !), mais l'authentique idée où culmine la pensée nietzschéenne de l'Etre comme *être-interprété*.

Compétition et construction. — Aucun texte, peut-être, ne jette une plus vive lueur sur la genèse du concept de volonté de puissance que l'essai intitulé

« *La compétition homérique* » (*Homers Wettkampf, Werke* IX), dont les premirèes esquisses datent de 1871. Cet essai, en effet, prouve que l'un des thèmes majeurs dont se compose le concept du *Wille zur Macht*, le thème de la « compétition », est élaboré par le jeune Nietzsche à l'époque où il s'occupe de la civilisation hellénique, des origines de la tragédie et des mythes de Dionysos ; et que, par conséquent, le déchiffrage des faits d'ordre psychologique, biologique et physique va s'opérer, ensuite, grâce aux types de questions, aux ébauches conceptuelles et aux intuitions qui ont cristallisé autour du thème de la compétition. Certes, l'enquête empirique l'enrichit de multiples manières ; mais, loin de le faire émerger, elle le présuppose comme le germe de sa propre théorisation philosophique ! A cette condition seulement l'investigation concernant le corps peut démarrer, et révéler dans la rivalité et la hiérarchisation des instances corporelles, notamment au niveau des instincts, la présence de la *lutte* comme principe de toute organisation vitale, et donc comme expression de la volonté de puissance elle-même.

Dans ce très bel article, Nietzsche commence par contester l'image pâlotte et rabougrie qu'une certaine tradition académique nous donne de l'humanisme grec ; il précisera bientôt que cette image est celle que l'on se forge fatalement si l'on croit trouver dans l'optimisme rationaliste de Socrate et de son école la vraie nature de l'Hellénisme ; il nous montre, par contraste, que cette merveilleuse humanité des Grecs, que nous admirons à bon droit, ne va jamais sans un grain de cruauté, un goût marqué pour la destruction et la joie de vaincre. Mais nous sommes si étrangers à l'esprit de cette culture, que nous condamnons les multiples exemples qu'elle nous donne de « l'envie », alors que l'envie était, pour les Hellènes, la motivation universelle des rivalités fructueuses ! La leçon des Grecs c'est, répète Nietzsche, qu'il ne saurait y avoir de culture sans un capital d'instincts puissants, toujours à l'affût des occasions de se décharger sur le monde extérieur afin de le transfigurer. Mais, évidemment, il s'agit alors d'instincts que l'on a appris à dominer, à contrôler, à rendre créateurs. La compétition grecque, dont Homère a fixé le modèle et dont Hésiode et Héraclite ont fait l'éloge en la désignant comme « la bonne Eris », est ainsi la « spiritualisation » de la lutte primitive ; et c'est à ce titre qu'elle garantit la libre expression de l'agressivité, laquelle, au lieu de saper les assises de la sociabilité, devient facteur de progrès et d'harmonie. La compétition anime toute la vie publique, sous forme de joutes oratoires, de concours de tragédies, de concurrence sportive, de rivalités entre les doctrines philosophiques. Elle est art et jeu.

Si donc la volonté de puissance, selon Nietzsche, est nécessairement une force plastique et créatrice, la raison en est que ce concept reprend à son compte et intègre la coordination qui, pour les Grecs, unissait la compétition à la créativité. Le schéma de référence que Nietzsche a constamment sous les yeux, quand il évoque la volonté de puissance, est celui de la lutte qui, affrontant un vouloir à un matériau, fait jaillir les formes où s'accomplit l'œuvre d'art. « La relation la plus élevée c'est encore celle *du créateur et de la matière qu'il travaille* » (*Vol. Puis.* I 210). La volonté de puissance est une compétition qui se déploie dans le champ de la libre construction des formes. Mais toute forme est l'extériorisation d'une force. Aussi la construction requiert-elle la puissance ; le créateur, dit Nietzsche, c'est « l'homme en qui la puissance déborde » (*Vol. Puis.* I 34). Dire que la volonté de puissance est volonté de construire, c'est, alors, définir à nouveaux frais les concepts de *liberté* et de *maîtrise* ; maintenant ils se trouvent associés, au service d'une interprétation de la puissance comme transformation d'une matière en œuvre d'art : « *conquérir* — c'est l'effet nécessaire d'un *excédent de puissance* : la même chose que l'acte de *création* ou de *fécondation*, donc l'incorporation de sa propre image dans une matière étrangère. C'est pourquoi l'homme supérieur doit créer, c'est-à-dire imposer à autrui sa supériorité, soit comme maître, soit aussi comme artiste » (*Posthumes* 243).

L'acte de se surmonter soi-même. — Mais toutes les déterminations précédentes, malgré leur importance, échoueraient à cerner l'idée nietzschéenne de la volonté de puissance si ne venait pas les couronner le thème qui leur ajoute la détermination essentielle et qui, pour cette raison, fait l'objet, chez Nietzsche, d'une création verbale : le mot « *Selbstüberwindung* », que le souci d'exactitude invite à traduire, en dépit de sa lourdeur, par la périphrase : « l'acte de se surmonter soi-même ».

Nietzsche entend désigner par là un acte de *dépassement* qui se présente comme une métamorphose où l'on s'élève de l'inférieur au supérieur, et dont le mouvement n'est pas provoqué de l'extérieur mais procède du principe interne de l'être. En étudiant le phénomène de « l'intériorisation », nous avons déjà eu l'occasion de noter que le dépassement peut très bien, chez Nietzsche, avoir le sens hégélien d'une séquence dialectique. Mais il ne s'agit, alors, que d'une variante à caractère régional. Dans son fond, la *Selbstüberwindung* nietzschéenne tourne le dos à la dialectique et à son dogmatisme de la rationalité absolue ; elle n'est jamais un pur procès logique ; encore moins une combinatoire de structures ou le fonctionnement d'une batterie de signifiants (seul le dévergondage idéologique de la modernité a pu s'enchanter de commentaires aussi comiquement monstrueux !). Elle énonce — conjuguée en cela avec l'Eternel Retour — *comment* le devenir *est* devenir, autrement dit comment s'effectue cette construction des formes dans le flux du devenir qui réalise *la perpétuelle métamorphose du devenir lui-même.* Avec le concept de la volonté de puissance, « acte de se surmonter soi-même », Nietzsche tente de penser l'Etre comme la « généralisation du concept de « *vivre* » (respirer), « être animé », « vouloir », « agir », « devenir » » (*Vol. Puis.* I 83).

C'est, d'ailleurs, ce que nous enseigne le corps, le témoin le plus honnête du devenir, précisément. Pourquoi, en effet, le corps s'est-il inventé une conscience et les facultés intellectuelles qui s'y rattachent ? Pour construire un corps supérieur, répond Nietzsche, reconnaissant ainsi dans l'activité du corps l'illustration immédiate et concrète du dépassement de soi : « il s'agit peut-être uniquement du *corps* dans tout le développement de l'esprit : ce développement consisterait à nous rendre *sensible la formation d'un corps supérieur.* L'organique peut encore s'élever à des degrés supérieurs. Notre avidité de connaître la nature est un moyen pour le corps de se perfectionner » (*Vol. Puis.* I 279). Rien d'étonnant, donc, si la *vie*, considérée dans sa plus grande généralité, revendique pour définition d'être « *ce qui est contraint de se surmonter soi-même à l'infini* » (*Zarathoustra* 239). Toutes les morales, autrement dit toutes les tables de valeurs, sont issues de ce principe : « une table de valeurs est inscrite au-dessus de chaque peuple ; c'est la table de ses victoires sur lui-même ; c'est la voix de son vouloir de puissance » (*Zarathoustra* 139). Et c'est encore ce principe qui fixe le destin de l'homme, s'il est vrai que ce destin est la production du surhomme !

Indépendamment des divergences sur la méthodologie et sur la conception de la connaissance, l'idée du dépassement de soi fournit le critère pour distinguer la volonté de puissance nietzschéenne et le Vouloir-vivre schopenhauérien. Schopenhauer se croit autorisé à tirer argument de la douleur pour justifier une interprétation franchement pessimiste du monde, lequel serait une fantasmagorie mimée par un Vouloir-vivre féroce et aveugle, dont on ne peut s'affranchir que par le travail d'annihilation de l'ascèse. Nietzsche s'insurge là contre, en montrant que la prémisse de l'argumentation est déjà un sophisme, où s'épanche la vindicte d'une nature contaminée par la décadence moderne. Cette angoisse devant la douleur n'est-elle pas le symptôme d'une maladie de la volonté elle-même, rendue incapable d'assumer sa vocation créatrice, d'une volonté qui a renié le principe du dépassement de soi et ne peut plus juger de façon loyale ? « La décision au sujet de ce qui éveillera le plaisir ou la douleur, réplique Nietzsche, dépend du *degré de puissance*. La même chose qui pour une faible quantité de puissance semble un danger et oblige à une défense rapide, peut produire, si la puissance est grande, un charme voluptueux, un sentiment de plaisir » (*Vol. Puis.* I 318). Le vrai sens de la douleur est fixé dans et par l'acte de se surmonter soi-même, dont elle est coextensive : « la douleur est le sentiment d'un obstacle ; mais comme la puissance ne prend conscience d'elle-même que par l'obstacle, la douleur est *partie intégrante de toute activité* (toute activité est dirigée contre quelque chose dont il faut triompher) » (*Vol. Puis.* II 371). Il en découle que le Vouloir-vivre schopenhauérien n'est qu'une pseudo-volonté, un vouloir « en l'air » (*Werke* XI 162), puisqu'il est décapité de son intentionnalité essentielle, figé en vouloir-état, au lieu d'être défini par le mouvement de son autodépassement. « Schopenhauer dit « la volonté », mais rien n'est plus caractéristique de sa philosophie que l'absence totale du *vouloir* » (*Vol. Puis.* II 26).

Mais ce qui est surtout propre à nous renseigner sur le sens et sur les origines dernières de cette définition de la volonté de puissance comme acte de se surmonter soi-même, c'est son application à la théorie de la connaissance et de la vérité chez Nietzsche. D'un côté, nous l'avons vu, la volonté de puissance est, en tant qu'opération qui met en formes un chaos d'impressions et de désirs pour en façonner une interprétation, l'auteur du pragmatisme vital et de ses valeurs-utiles ; car il faut, dit Nietzsche, « ramener ce qu'on appelle l'*instinct de la connaissance* à un instinct d'*appropriation et de conquête* » (*Vol. Puis.* I 365). D'un autre côté, la connaissance, s'éduquant à la discipline de la probité philologique, s'oblige par là même à dépasser le pragmatisme vital, et ce dépassement correspond très exactement à une *Selbstüberwindung*, avec sa double signification de combat et de passage à une forme supérieure. « Comment se fait-il que nous luttions contre le mensonge foncier et contre toutes les mascarades ? Un sentiment de puissance, qui se libère dans le développement et dans l'activité de l'intelligence, nous y pousse » (*Posthumes* 193). Nous acceptons, ainsi, de mettre la vie en péril, puisque nous lui ôtons, au moins provisoirement, ses illusions protectrices ; nous obéissons, de la sorte, à l'impératif de la volonté de puissance, car « la vie n'est qu'un *moyen* en vue d'autre chose : voilà l'expression des formes de croissance de la puissance » (*Vol. Puis.* I 215). La puissance authentique marque donc le degré de force qu'un esprit est capable d'investir dans la recherche de la vérité, autrement dit l'intensité de son autodépassement au service du vrai : « la mesure suprême de la force : dans quelle mesure un homme peut-il vivre sur des *hypothèses*, et non sur la croyance, c'est-à-dire s'aventurer sur des mers illimitées ! » (*Posthumes* 136). Par conséquent, c'est l'*esprit* — et non la violence sauvage ! — qui exprime la puissance réelle ; si, en effet, on doit estimer « la *puissance* d'un *vouloir* d'après la dose de résistance, de douleur, de torture qu'il tolère et dont il sait tirer avantage » (*Vol. Puis.* I 132), c'est bien l'esprit qui doit gagner la palme, car « l'esprit, c'est la vie qui tranche dans sa propre chair ; son tourment augmente son savoir » (*Zarathoustra* 219).

Force et faiblesse. — Débarrassés des fausses images de la force que nous inculque une idéologie barbare, nous sommes maintenant prêts à comprendre la valeur que Nietzsche attribue au concept de la force dans son interprétation généalogique. Sans doute, tout être, puisqu'il participe de la volonté de puissance, travaille à se surmonter constamment. Il n'empêche que le style et l'orientation d'un tel dépassement ne sont pas du tout les mêmes selon qu'on se trouve en présence d'un vouloir dirigé par la décadence ou par la vie ascendante. Nous découvrons, ainsi, que l'acte de se surmonter soi-même a deux significations antagonistes suivant qu'il caractérise tel ou tel type de volonté de puissance ; et donc que les concepts de force et de faiblesse, employés dans ce contexte d'appréciation généalogique, ont pour but de fixer la *double polarité* de la volonté de puissance, en fonction de quoi chacun des actes d'autodépassement prendra sa normativité propre. Ils garantissent l'existence d'une hiérarchisation à l'intérieur de la volonté de puissance comme essence unitaire du monde.

Nulle contradiction n'est, alors, imputable à Nietzsche quand Nietzsche indique, d'une part : « les faibles et les forts se comportent d'une manière toute pareille : ils étendent leur puissance aussi loin qu'ils peuvent » (*Posthumes* 217-218), et s'évertue, d'autre part, à combattre certaines de ces expressions de la volonté de puissance, dans lesquelles il démasque l'instinct de la décadence, en nous avertissant : « qu'est-ce à proprement parler que la morale ? l'instinct de la décadence ; ce sont les hommes épuisés et déshérités qui de cette façon *se vengent* et se comportent en *maîtres* [...]. L'instinct de la décadence, sous la forme de la volonté de puissance » (*Vol. Puis.* II 129). La volonté de vengeance, en effet, est bien encore une modalité de la volonté de puissance, mais elle doit être classée sous le concept de la faiblesse, parce qu'elle incarne une volonté de puissance *négative*, qui cherche à dégrader et à détruire la vie ; tandis que l'on classera sous le concept de la force la volonté de puissance *affirmative*, c'est-à-dire celle qui s'emploie à exalter et à épanouir la vie. La première est répressive, la seconde créatrice ; celle-ci est la volonté de puissance authentique, fidèle à sa nature (de sorte que Nietzsche, dans certains textes, lui réserve l'exclusivité de cette dénomination), celle-là est la volonté de puissance en quelque sorte aliénée, rendue étrangère à sa destination.

La différence doit être établie grâce à un triple examen. D'abord, une réflexion critique sur les idéaux à l'abri desquels chacun lutte pour la suprématie ; ensuite, l'identification du type d'homme ou de groupe social qui les promeut ; enfin, l'analyse des conséquences qu'entraîne, pour la vie, la victoire ou simplement l'influence d'une table de valeurs déterminée. En ce qui concerne les idéaux la méthode aboutit à séparer *Idéals positifs* et *Idéals négatifs*, en fonction de ce critère : « *tout idéal* suppose *amour* et *haine*, *respect* et *mépris*. Ou c'est le sentiment positif qui est le premier mobile, ou c'est le sentiment négatif. La *haine* et le *mépris* sont premier mobile, par exemple dans tous les idéals nés du ressentiment » (*Vol. Puis.* I 133). Du point de vue *typologique*, on discerne, dans le cas du moralisme, plusieurs tendances instigatrices, que Nietzsche énumère : « 1° l'instinct du *troupeau* contre les forts et les indépendants ; 2° l'instinct des *souffrants* et des déshérités contre les heureux ; 3° l'instinct des *médiocres* contre les exceptions » (*Vol. Puis.* I 343). Quant à l'appréciation des valeurs d'après leur influence sur la vie, la méthode nietzschéenne conduit à dégager l'antagonisme entre « naturalisme moral » et morale antinaturelle : « tout naturalisme dans la morale, c'est-à-dire toute *saine* morale, est dominé par l'instinct de vie [...] La morale *antinaturelle*, c'est-à-dire toute morale qui jusqu'à présent a été enseignée, vénérée et prêchée, se dirige, au contraire, précisément *contre* les instincts vitaux » (*Crépuscule* 113).

Radicalisant son argumentation, Nietzsche en arrive alors à présenter sa classification généalogique des manifestations de la volonté de puissance sous la forme d'une opposition entre « *volonté du néant* » et « *volonté de vivre* » (*Vol. Puis.* II 130). Celle-ci caractérise la volonté de puissance qui favorise la vie, celle-là la volonté de puissance qui débilite et ruine la vie. Finalement, donc, les concepts de force et de faiblesse servent, chez Nietzsche, à penser, du point de vue généalogique, la relation essentielle entre la vie et l'acte de se surmonter soi-même. D'où la conclusion : « chaque individu peut être estimé suivant qu'il représente la ligne ascendante ou descendante de la vie » (*Crépuscule* 160).

Le Retour Eternel. — L'idée du Retour Eternel lui tenait tellement à cœur que Nietzsche non seulement la donnait pour l'idée maîtresse de sa philosophie, mais encore ne pouvait l'évoquer sans éprouver toute la gamme des émotions les plus intenses, depuis l'extase jusqu'à l'effroi. Et il n'a pas ménagé sa peine pour l'établir sur des bases scientifiques sérieuses, grâce à une ample documentation, patiemment exploitée. Au point qu'on risque de se laisser intimider par elle et qu'on finit par regarder la doctrine nietzschéenne du Retour Eternel comme une théorie scientifique *stricto sensu*, alors que les preuves que Nietzsche tire d'une réflexion sur la science n'ont jamais qu'une valeur de confirmation pour une idée qui, fondamentalement, relève de la pensée philosophique.

Au demeurant, Nietzsche utilise ici les arguments de type scientifique pour parachever sa réfutation de l'Idéalisme métaphysique, dont une des citadelles les plus fortes est *le finalisme*, que, précisément, l'idée de l'Eternel Retour doit battre en brèche. Le Retour Eternel, en effet, brise la croyance idéaliste selon laquelle le cours du monde est régi par un Plan providentiel visant à instaurer le règne de la Morale ; et qui, par voie de conséquence, oblige à expliquer, par l'introduction de la catégorie morale de la *faute*, le décalage désolant entre cette bonté de Dieu et le cours habituel du monde. A cette culpabilisation démobilisatrice que provoque l'emploi abusif de la notion de finalité, le Retour Eternel oppose l'affirmation salvatrice de « l'innocence du devenir » (*Vol. Puis.* II 117) : « Représentons-nous cette pensée sous sa forme la plus redoutable : l'existence telle qu'elle est, n'ayant ni sens ni fin, mais revenant inéluctablement, sans aboutir au néant : « le *Retour éternel* » » (*Vol. Puis.* II 12). Zarathoustra s'en fait le champion : « en vérité, ce que j'enseigne est bénédiction et non blasphème, quand je dis : « Au-dessus de toute chose s'étend le ciel de la Contingence, le ciel de l'Innocence, le ciel du Hasard, le ciel du Caprice » (*Zarathoustra* 329).

Le hasard dont il est alors question, loin d'être le contraire de la nécessité, en désigne un des aspects, celui par lequel la nécessité, dans la thématique du Retour, rejette le finalisme au bénéfice d'une interprétation immoraliste du devenir. Nietzsche le fait bien comprendre : « le « chaos universel » qui exclut toute activité à finalité n'est *pas contradictoire* avec l'idée du cycle : celui-ci n'est justement qu'une *nécessité irrationnelle*, sans aucune arrière-pensée formelle, éthique ou esthétique. La liberté du choix est absente des petites comme des grandes choses » (*Vol. Puis.* I 297-298).

La démonstration, partie de la thèse qui puise largement dans les données scientifiques, entraîne plusieurs argumentations emboîtées, dont il faut respecter l'ordre de développement. On débute avec la confirmation qu'apporte à la précédente critique du finalisme idéaliste la reconnaissance objective de l'impossibilité d'assigner une « fin » (donc un terme) au devenir. Car, si le monde poursuivait une fin, celle-ci provoquerait l'instauration d'un *état d'équilibre*, et cet état d'équilibre *devrait déjà être atteint*, puisqu'il a eu tout le temps indispensable dans le passé du monde. Or nous constatons que le devenir n'est pas aboli, qu'il continue. Donc la persistance du devenir, aujourd'hui, élimine, dans son principe même, la possibilité d'un équilibre terminal (cf. *Vol. Puis.* I 295-296).

Ce raisonnement, toutefois, ne peut être entériné qu'à deux conditions. D'abord, que le temps ait vraiment l'être, qu'il soit *réel*, donc qu'il ne soit pas réduit, comme chez Kant, à une pure forme *a priori* de la sensibilité (*Werke* XII 54). Ensuite, que le temps soit infini, ce qui élimine la croyance à une création divine du monde, puisque la création requiert un commencement. Nietzsche est alors contraint de raffiner davantage sa critique antérieure du Dieu moral, en l'orientant de façon plus précise contre la notion d'un Dieu créateur, « espèce d'araignée d'impératif et de finalité qui se cache derrière la grande toile, le grand filet de la causalité » (*Généalogie* 194). Et Nietzsche de chercher l'objection imparable dans une confrontation entre la croyance au Dieu créateur et « l'innocence du devenir », en montrant quel tort irrémédiable infligerait à la valeur du devenir une telle hypothèse ; car « ce serait poser *une somme de douleur et d'illogisme* qui abaisserait la valeur totale du « devenir » ; par bonheur, cette puissance de totalisation *fait défaut* » (*Vol. Puis.* I 112).

Mais détrôner ainsi Dieu, refuser d'admettre une volonté créatrice originaire et responsable du devenir, c'est du même coup dévoiler l'inanité du concept de « force infinie ». Seul le principe de la finitude de la force expurge la réflexion sur le devenir de toute séquelle théologique, et s'accorde, au niveau scientifique, avec la loi de la constance de l'énergie. Le principe s'énonce alors ainsi : « l'activité est éternelle, mais le nombre des choses produites et des états énergétiques fini » (*Fragments* 8) ; de manière plus rigoureuse : « il y a une *quantité* infinie d'états énergétiques, mais non des états *différents* à l'infini : ceci supposerait une énergie indéfinie, l'énergie n'a qu'un certain « nombre » de qualités possibles » (*Fragments* 7). Rassemble-t-on, maintenant, toutes les déterminations énumérées, on obtient ce modèle d'Univers : *une force finie et constante, se déployant dans un espace fini et selon un devenir où tout se répète* ; donc un cycle perpétuel, dont l'immanence est radicale, de sorte qu'elle interdit toute référence, même discrète, à un but ou à un sens qui lui serait extérieur.

Ces argumentations n'ont, cependant, d'intérêt que par leur intégration à la problématique philosophique concernant les rapports entre le devenir et la volonté de puissance. Nietzsche n'a pas la naïveté de croire qu'on peut remplacer l'ancien « être » métaphysique par le « devenir », il essaie d'interpréter le devenir *quant à son être même* ; et c'est là, justement, le rôle qu'il confie à l'idée de l'Eternel Retour ! Sa formulation complète est d'ailleurs : l'Eternel Retour *du Même (des Gleichen)*. « Le Même » détermine la signification que revêt la per-sistance du devenir en tant que devenir, et, ainsi, la nécessité de la *répétition* pour chaque événement à l'intérieur du devenir. L'expulsion de la catégorie dogmatique de l'identité entraîne, à cet égard, la transformation des concepts de permanence et d'égalité-à-soi. Si le devenir ne cesse pas d'être devenir, et donc per-siste, il n'est pas, pour autant, sub-stance identitaire. Nietzsche se rend parfaitement compte que la formulation adéquate de son intuition du Retour Eternel réclame un effort pour renouveler et nuancer davantage le sens des concepts ; et il hasarde cette indication : « *Imprimer au devenir le caractère de l'être — c'est la forme supérieure de la volonté de puissance* [...] Dire que *tout revient, c'est rapprocher au maximum le monde du devenir et celui de l'être : cime de la contemplation* » (*Vol. Puis.* I 251).

Par le concept de la volonté de puissance Nietzsche tente de penser *ce qu'est* l'Etre comme devenir ; et par le concept de l'Eternel Retour, *de quelle manière* le devenir lui-même « est » devenir, donc fait que *tout se répète sans que rien ne cesse de changer*. Mais alors, puisque l'acte de se surmonter soi-même définit la nature de la volonté de puissance, il faut que l'on explique comment cet acte peut s'insérer dans le cycle du Retour. La splendide cohérence de la méditation nietzschéenne se découvre pleinement ici — à l'occasion de cette conjonction entre volonté de puissance et Retour Eternel. On voit tous les grands thèmes nietzschéens fusionner dans ce creuset magique.

L'Eternel Retour est une perpétuelle et fervente invocation à l'exigence du dépassement de soi. Il pousse la volonté de puissance à se déprendre des vaines nostalgies pour adhérer loyalement au devenir et en faire ainsi le champ de sa créativité inlassable. Il la hausse jusqu'à l'affirmation souveraine, celle qu'enveloppe « l'*amor fati* ». L'*amor fati* correspond, chez Nietzsche, à l'attitude de « fidélité à la Terre » grâce à laquelle le consentement à l'immanence du devenir triomphe des chimères de la Transcendance idéaliste. Car c'est la vie elle-même que le vouloir épouse dans l'élan d'adhésion au devenir, inaugurant un véritable panthéisme dionysiaque. A ce point de vue le Retour Eternel est la « formule d'approbation la plus haute qu'on ait jamais atteinte » (*Ecce Homo* 120). On « veut le cycle éternel : les mêmes choses, la même logique ou le même illogisme des enchaînements. Etat suprême auquel puisse atteindre un philosophe : une attitude dionysiaque en face de l'existence ; ma formule pour cela, c'est *amor fati* » (*Vol. Puis.* II 229). *L'éternité* est totalisation scellée par *l'instant* : « avez-vous jamais souhaité qu'une même chose revînt deux fois ? Avez-vous jamais dit : « Tu me plais, bonheur, clin d'œil, instant ! » Alors vous avez souhaité le Retour de *toutes choses*, toutes revenant de nouveau, toutes éternelles, enchaînées, enchevêtrées, amoureusement liées » (*Zarathoustra* 621).

En outre, le Retour Eternel préside à la transmutation de la volonté de vengeance en volonté créatrice, expression de la vie ascendante ; car c'est lui qui oblige le vouloir à surmonter l'obstacle terrible qu'oppose la résistance du *passé* à la libre initiative. « Que le temps ne puisse revenir en arrière, c'est là son grief. Le « fait accompli » est le roc qu'il ne peut déplacer. Alors il roule des blocs de dépit et de colère. » Et voici l'homme condamné à la torture de Sisyphe ! Mais la pensée du Retour Eternel se présente pour l'arracher à la malédiction ; et elle lui adresse cette admonestation rédemptrice : « je vous ai détournés de cette ritournelle en vous enseignant : le vouloir est créateur. Tout ce qui fut n'est que fragment, énigme et horrible hasard, jusqu'au jour où le vouloir créateur déclare : « Mais moi, je l'ai voulu ainsi » » (*Zarathoustra* 287-289).

Pour finir, le Retour Eternel éduque la volonté de puissance à la tâche la plus courageuse : le service de la vérité. Il la projette par-delà toutes les illusions consolatrices, par-delà même les fictions avantageuses du pragmatisme vital ; il la fait renoncer au dogmatisme idéaliste du savoir absolu, pour accepter l'aventure de l'interprétation (cf. *Vol. Puis.* II 288-289).

Le Retour Eternel est « le marteau » que Nietzsche apporte à l'élite de l'humanité pour qu'elle fracasse les idoles et sculpte la figure du surhomme : « la doctrine du Retour éternel, *Marteau* dans la main de l'homme le plus puissant » (*Fragments* 69).

Chapitre V

LE SURHOMME

La sélection. — Rien ne fausserait davantage la signification impartie, chez Nietzsche, à l'idée du « surhomme » que de traiter cette idée comme le pivot d'une doctrine évolutionniste analogue à celle de Lamarck et de Darwin. Ne nous laissons pas abuser, sur ce point, par quelques formules d'apparence « évolutionniste » que Nietzsche met dans la bouche de Zarathoustra ! Celles-ci n'ont qu'une valeur d'images et ne lèvent donc pas les objections très âpres que Nietzsche, par ailleurs, adresse aux théories transformistes contemporaines, gâtées, selon lui, par la croyance au *progrès*. Car, à ses yeux, ni l'humanité, comme espèce, ne représente un progrès sur les animaux (*Werke* XVI 147), ni, à l'intérieur du groupe humain, ne s'est constituée une élite durable qui marquerait un progrès par rapport aux masses. Il serait même plus honnête de parler ici de régression. L'humanité moderne n'est-elle pas dégénérée si on la compare avec les héros de la civilisation de la Renaissance ou avec les anciens Grecs (*Antéchrist* 197) ? Particularisant sa polémique, Nietzsche oppose au darwinisme ces deux observations : les formes inférieures sont incapables de produire les formes supérieures (*Werke* XVI 150), et — plus fâcheusement encore — ce sont souvent les faibles et les médiocres qui gagnent le « *struggle for life* ». « La règle veut que les hommes supérieurs, les âmes d'élite succombent et fassent naufrage » (*Par-delà* 379). Quant aux thèses de Lamarck, il leur reproche d'exagérer beaucoup le rôle du « milieu » dans la sélection vitale.

Au demeurant, la critique de la notion de progrès déborde le cadre de la biologie pour rejaillir sur la conception de l'Histoire, ruinant par avance toute tentative pour faire du surhomme le résultat nécessaire d'une prétendue « logique » de l'Histoire. Sans doute Nietzsche, dès l'instant où il répudie toute Transcendance suprasensible, doit-il situer exclusivement dans l'immanence historique l'éventuel avènement de son surhomme. Mais s'il se préoccupe bien de trouver dans l'Histoire les prodromes du surhumain, détectant, ici et là, les réussites individuelles ou collectives, qui en sont les esquisses (par exemple, le peuple grec, l'aristocratie de l'Inde ancienne, Napoléon), il ne partage pas la confiance de Hegel, de Comte et de Marx dans le développement rationnel d'une Histoire qui devrait normalement aboutir au triomphe des plus hautes valeurs ; et il ne se borne pas à refuser cette fantasmagorie de la rationalité historique, il s'en indigne comme d'un funeste mensonge idéaliste : « voir dans l'histoire la réalisation du bien et du juste est un blasphème contre le bien et le juste. Cette belle histoire universelle est, pour employer une expression d'Héraclite, « un pêle-mêle d'ordures ». Ce qui est *fort* s'ouvre passage, voilà la règle ; si seulement ce n'était pas aussi souvent ce qui est sot et méchant ! » (*Fragments* 57-58). Nietzsche maintiendra inflexiblement ces réflexions critiques dont il accablait, déjà dans la deuxième des *Considérations intempestives*, la philosophie hégélienne et que résume cette brève citation : « C'est une pensée paralysante et attristante de se croire les tard venus de tous les temps, mais ce qui est terrible et destructeur, c'est que cette philosophie, par un impudent renversement, ait divinisé le type du tard venu comme s'il était le sens et le but de toute l'évolution antérieure » (*Considérations* I 333).

De tels avertissements ne laissent subsister aucun doute : on ne peut rien entendre à l'idée nietzschéenne du surhomme tant qu'on ne reconnaît pas dans la doctrine de la sélection, gardienne de la promesse du surhomme, une pédagogie de la volonté de puissance elle-même ; pédagogie destinée à produire l'être souverain dont l'existence serait la consécration du Retour Eternel.

L'éducation dionysiaque. — La sélection qu'envisage Nietzsche n'est donc ni un processus biologique gouverné par la Nature, ni une dialectique de l'Histoire, c'est une méthode d'éducation appliquée à la volonté de puissance par une minorité compétente. En la qualifiant de « dionysiaque », on s'attache à en souligner deux caractères essentiels : d'un côté, elle aura pour mission de radicaliser le nihilisme, en déclenchant la crise ultime que Nietzsche décrit comme « nihilisme extatique » (*Werke* XVI 393), parce qu'il doit faire exploser, en quelque sorte, la décadence moderne. De l'autre, elle accomplit la résolution de procéder de façon immoraliste, ainsi que le réclame ce « pessimisme de la force » qui doit rendre le surhomme inébranlable en face des vérités les plus horribles. Bref, Nietzsche définit ici les grandes lignes d'une éducation travaillant « au marteau » et se concentrant sur l'essence du vouloir : sur l'acte de se surmonter soi-même ! « Le Marteau : une doctrine qui, par l'emportement du pessimisme le plus féru de mort, opère une *sélection* des plus aptes à la vie » (*Fragments* 69).

Par tous ces traits, elle lance un défi à la vieille méthode employée par l'Idéalisme métaphysique et qui a été l'école de la décadence. On opposera donc, point par point, la sélection nietzschéenne, orientée vers le surhomme, et la domestication idéaliste, orientée vers le « Dernier homme ». La domestication de l'homme est une invention sacerdotale ; sa technique est la répression des instincts et la culpabilisation par l'angoisse du péché (*Vol. Puis.* I 187). La sélection nietzschéenne, au contraire, cherche à sublimer, à spiritualiser les instincts (*Crépuscule* 111). Par conséquent, « il n'y a pas pire confusion que de confondre la *sélection* avec la *domestication* [...] La sélection telle que je l'entends est un moyen d'emmagasiner une énorme quantité de forces humaines, de telle sorte que les générations puissent bâtir sur les fondements posés par leurs aïeux, tant dans les choses extérieures que dans les réalités intérieures et organiques, dans un accroissement de forces continu » (*Vol. Puis.* II 281).

L'éducation de la volonté de puissance — parallèle, on le constate, à son interprétation — concerne au premier chef le corps lui-même. « Les moralistes stupides ont toujours prêché le perfectionnement sans en réclamer également *la base physique* : l'ennoblissement du corps » (*Posthumes* 288-289). Mais « l'esprit le plus haut, lié à un caractère faible et nerveux, voilà ce qu'il faut supprimer. Le but : perfectionnement du *corps* entier et non du cerveau seulement » (*Vol. Puis.* II 328).

Le préfixe « *über* » (sur), dans le mot « surhomme » *(Uebermensch)*, révèle, à la lumière de ces explications, sa pleine valeur : souligner que le surhomme résulte de l'auto-dépassement par lequel la volonté de puissance humaine réalise sa véritable destination. Zarathoustra l'énonce en paroles fulgurantes :

« je vous enseigne le Surhomme. L'homme est quelque chose qui doit être dépassé » (*Werke* VI 13). Comprenons bien : c'est l'homme qui *se* change, et non une instance extérieure qui se substituerait brusquement à lui. Nietzsche le confirme en montrant que le déclin de l'homme est la transition de l'homme vers le surhomme : « la grandeur de l'homme, c'est qu'il est un pont et non un terme ; ce qu'on peut aimer chez l'Homme, c'est qu'il est *transition* et *perdition* » (*Zarathoustra* 57). Et : « j'aime ceux qui ne savent vivre qu'à condition de périr, car en périssant ils se dépassent ».

Le héros affirmateur. — Dans la mesure où le surhomme nietzschéen est une figure éminemment mythique, il serait indispensable, si l'on ambitionnait d'en donner une description complète, d'en faire correspondre chaque trait avec une des déterminations de la volonté de puissance ; sans oublier celles qui assurent la relation de cette volonté de puissance à l'idée du Retour Eternel. Contentons-nous, ici, de cerner les traits par lesquels le surhomme mérite d'être appelé le héros affirmateur par excellence.

En première ligne, justement, l'aptitude à l'affirmation dionysiaque. Dionysos symbolise en effet, pour Nietzsche, l'être doué d'une énergie si luxuriante qu'elle peut tout transmuter en affirmation, et donc accueille avec une ferveur égale les termes contradictoires dont la lutte est au cœur de la vie elle-même. « Un tel esprit *libéré* apparaît au centre de l'univers, dans un fatalisme heureux et confiant avec la *foi* qu'il n'y a rien de condamnable que ce qui existe isolément, et que, dans l'ensemble, tout se résout et s'affirme. *Il ne nie plus*... Mais une telle foi est la plus haute de toutes les fois possibles. Je l'ai baptisée du nom de *Dionysos* » (*Cré-*

puscule 180). Il assume fièrement, en créateur, son adhésion à l'Eternel Retour : « l'homme le plus impulsif, le plus vivant, le plus consentant à l'univers [...], celui qui insatiablement adresse un *da capo* non seulement à lui-même, mais à la pièce et au spectacle entier » (*Par-delà* 121). Et, ce faisant, prend à son compte la totalité du *passé humain* : « nous justifierons, rétrospectivement, tous les défunts et nous donnerons un sens à leur vie si nous réussissons à pétrir de cette argile le Surhumain, et à donner ainsi un *but* à tout le passé » (*Vol. Puis.* II 262).

La personnalité se construit alors elle-même à l'image de ce que Dionysos souhaite obtenir de l'homme : « le rendre plus fort, plus méchant, plus profond » (*Par-delà* 407). Car « ce qui importe, ce sont les *méchants* animés d'un vouloir religieux » (*Werke* XIV 316), autrement dit, « les cyniques, les séducteurs, les conquérants, qui uniront à la supériorité intellectuelle la santé et la surabondance des énergies » (*Vol. Puis.* II 250-251). Du barbare, le surhomme conservera la vigueur et la richesse des instincts, mais il intégrera ces instincts à un ordre supérieur, condition de la liberté créatrice. La Morale, évidemment, ne pourra que s'offusquer de cette prodigalité titanesque ; et Zarathoustra ne doute pas que « les bons et les justes appelleraient son surhomme « démon » » (*Ecce Homo* 170). Mais c'est que ces vertueux sont incapables de comprendre la nécessité de la collaboration entre le bien et le mal dans l'impétuosité d'un vrai créateur, telle qu'elle est illustrée par le dionysisme ; celui-ci, en effet, « conçoit activement le devenir, le ressent subjectivement comme la volonté furieuse du créateur, mêlée au courroux du destructeur » (*Vol. Puis.* 369). Par suite, « l'être le plus débordant de vie, le dionysiaque, dieu ou homme, peut se permettre non seulement de regarder l'énigmatique et l'effrayant, mais de commettre aussi l'effroyable, et de se livrer à n'importe quel luxe de destruction, de bouleversement, de négation ; la méchanceté, l'insanité, la laideur lui semblent permises en vertu d'un excès de forces créatrices qui peuvent faire du désert même un sol fécond » (*Gai Savoir* 204). Le surhomme est l'artiste accompli, l'incarnation même de la volonté de puissance « artiste ».

Enfin, le surhomme est *la belle individualité* rayonnante, dont le moi est devenu un moi cosmique. Autant Nietzsche est sévère à l'égard de cet égoïsme frileux qui cherche lâchement refuge dans le conformisme de la Morale du troupeau, autant il exalte l'individualisme d'envergure qui est la condition de la générosité dans la vie et dans la connaissance. Car « chez l'homme dont l'*ego* s'affaiblit et s'amenuise, la force du grand amour s'affaiblit aussi » (*Vol. Puis.* I 123). Et, précise Nietzsche : « c'est la *richesse de la personnalité*, la profusion intérieure, le jaillissement et le don, le plaisir instinctif et l'approbation de soi-même qui font les grands sacrifices et le grand amour » (*Vol. Puis.* I 131). Un tel individualisme exige le culte de la différence, « l'ardent désir d'établir des distances à l'intérieur de l'âme même, afin de produire des états de plus en plus élevés, rares, lointains, amples, compréhensifs, en quoi consiste justement l'élévation du type humain, le continuel dépassement de l'homme par lui-même » (*Par-delà* 349). Aussi Nietzsche déteste-t-il l'idéologie égalitariste de la modernité, dans laquelle il voit le plus dangereux obstacle à la production du surhumain. « Tous sont très égaux, très petits, très ronds, très conciliants, très ennuyeux » (*Posthumes* 180). Pour la contrecarrer, cette idéologie, Nietzsche prône une stratégie de la différence qui « consisterait à enlever à l'homme de plus en plus ses caractères communs et à le spécialiser jusqu'à le rendre encore plus incompréhensible pour son voisin » (*Posthumes* 181). Stratégie de la différence *hiérarchisante*, s'empresserait d'ajouter Nietzsche, car la différence renvoie toujours, en dernier examen, à la dualité de la vie ascendante et de la vie décadente qui forme le principe généalogique de la volonté de puissance elle-même. Nietzsche a donc catégoriquement désavoué, par anticipation, ses prétendus émules actuels qui invoquent son autorité pour justifier ce qu'on pourrait nommer un anarchisme de la différence molle. Lui déclare, en effet : « il faut *élargir* le fossé ! Il faut *obliger* l'espèce supérieure à *se mettre à part* grâce aux sacrifices qu'elle est tenue de faire à sa propre existence » (*Vol. Puis.* II 309).

La grande politique. — Par « grande politique » Nietzsche entend désigner la prise en charge consciente et résolue de tout l'avenir humain, de telle sorte que, méprisant les manigances des politiciens habituels, toujours à la remorque d'intérêts bornés, elle prépare le règne du surhomme, sur la base d'une organisation concrète de la vie sociale et de la culture, à l'échelle planétaire. La grande politique est ainsi le moyen d'instituer, au niveau des collectivités humaines historiques, le gouvernement mondial qui favoriserait l'éducation dionysiaque, elle-même orientée vers l'idéal du surhomme : « il y a eu jusqu'à ce jour mille fins différentes, car il y a eu des milliers de peuples. Ce qui manque, c'est la chaîne passée à ces mille nuques, ce qui manque, c'est une fin unique. L'humanité n'a pas encore de fin » (*Zarathoustra* 141).

Un tel projet, assorti d'une déclaration aussi provocatrice, est naturellement une déclaration de guerre adressée aux idéaux concurrents. Nietzsche dénonce en eux les auxiliaires de la foi moderne au « progrès », laquelle n'est qu'une nouvelle mouture de la métaphysique chrétienne. « Dans quelle mesure, demande Nietzsche, subsiste encore la fatale croyance à la *Providence divine*, la croyance *la plus paralysante* qui soit, pour les mains et pour les cerveaux ; dans quelle mesure, sous le nom de la « nature », du « progrès », du « perfectionnement », du « darwinisme », dans la croyance superstitieuse à un certain lien entre le bonheur et la vertu, est-ce encore l'hypothèse et l'interprétation chrétiennes qui persistent ? » (*Vol. Puis.* II 59). La stérilité foncière de cette fantasmagorie se trahit, d'ailleurs, dans l'idolâtrie de l'Histoire qui lui est associée régulièrement ; et dans son petit « *fait-alisme* », comme dit plaisamment Nietzsche (*Vol. Puis.* II 36), pour qualifier la myope collecte de « faits » prétendus objectifs, avec la conviction que la raison absolue s'y exprime. « Nous ne servirons l'histoire que dans la mesure où elle sert la vie, mais l'abus de l'histoire et la surestime qui en est faite sont cause que la vie se rabougrit et dégénère, phénomène dont il est aussi nécessaire que douloureux peut-être de nous rendre compte, d'après les symptômes frappants qui s'en manifestent à notre époque » (*Considérations* I 198-199).

Les doctrines socialistes sont durement malmenées par Nietzsche. Bien sûr, il est dommage que Nietzsche n'ait pas lu les œuvres de Marx (dont il ignore le nom), car cette lecture l'aurait conduit à corriger maintes de ses assertions et à mieux situer, historiquement et politiquement, sa propre interprétation. Mais ces réserves n'empêchent pas de reconnaître la singulière pertinence des réflexions critiques de Nietzsche ; de sorte que le marxisme lui-même gagnerait beaucoup à les méditer...

Nietzsche reproche au socialisme en général son optimisme philosophique, héritage du moralisme rationaliste de Socrate. En effet, déjà dans *La Naissance de la tragédie*, il avait eu l'occasion de caractériser les tendances majeures et les influences lointaines de l'enseignement socratique. « Qu'on ne se dissimule pas ce qui cache au cœur de cette culture socratique : un optimisme qui se croit illimité ! Et que l'on ne s'effraie plus de voir mûrir les fruits de cet optimisme, de voir une société, pénétrée jusque dans ses couches inférieures par une telle culture, frémir peu à peu de velléités et de convoitises sensuelles, de voir la foi au bonheur terrestre de tous, la croyance à la possibilité d'une culture savante universelle se traduire peu à peu par la revendication menaçante d'un bonheur terrestre et alexandrin » (*Naissance* 92-93). Cet optimisme, conjuguant les leçons de Socrate et la mentalité chrétienne, inspire les prétentions « scientifiques » du socialisme, en fonction d'une conception rationnelle de l'Histoire et de la confiance dans la méthode dialectique, de même qu'il façonne l'idéal du bonheur de masse, variante de la « morale du troupeau » à l'âge de la technique planétaire. Nietzsche n'a que sarcasmes pour ce bonheur standardisé (très compatible, d'ailleurs, avec un régime politique de dictature féroce !). Il recèle une erreur fondamentale quant au sens même de la civilisation : « le problème de la *civilisation* a rarement été bien saisi. La fin n'en est pas le *bonheur* d'un peuple, ni le développement sans entrave de tous ses dons ; elle apparaît dans la juste *proportion* de ces développements. Sa fin dépasse le bonheur terrestre ;

cette fin, c'est la production des grandes œuvres » (*Vol. Puis.* I 350). Aussi Nietzsche objecterait-t-il à la thèse marxiste selon laquelle la classe ouvrière a pour mission historique de briser l'aliénation de l'humanité tout entière en accomplissant sa propre libération, que cette thèse méconnaît la signification de la liberté elle-même ; comme le souligne Zarathoustra, une libération n'a de sens et de valeur que par le but qu'elle se fixe, et nullement par le simple fait qu'elle supprime une contrainte.

Nietzsche, lui, plaide en faveur d'une organisation sociale cruellement aristocratique et farouchement antiétatique (*Zarathoustra* 121). « Le but, explique-t-il, est de former une *caste dominante*, qui réunisse les âmes les plus vastes, aptes aux tâches les plus diverses du gouvernement de l'univers » (*Vol. Puis.* II 304). Il s'agit là, en effet, d'une exigence correspondant non seulement à la méthodologie nietzschéenne de la connaissance, et à la nature de la volonté de puissance, mais encore aux principes d'une éducation véritable, axée sur l'idéal du surhomme. « Toute élévation du type humain a toujours été et sera toujours l'œuvre d'une société aristocratique, d'une société qui croit à de multiples échelons de hiérarchie et de valeurs entre les hommes et qui, sous une forme ou sous une autre, requiert l'esclavage » (*Par-delà* 349). Mais alors cette aristocratie ne saurait être ni celle du sang ni celle de l'argent ; et elle ne détient que de l'austérité et de l'envergure de sa mission le droit de dominer ! Le paradoxe de la « grande politique » nietzschéenne c'est, ainsi, qu'à la différence des idéologies visant à légitimer la défense des intérêts d'une classe, elle n'offre le pouvoir qu'à des créateurs voués aux responsabilités les plus dangereuses : « la caste des oisifs est la plus capable de souffrances, la plus souffrante, son contentement de l'existence est moindre, son devoir plus grand » (*Humain* II 119). Par suite, « les ouvriers vivront un jour comme vivent aujourd'hui les bourgeois ; mais au-dessus d'eux, se distinguant par son absence de besoins, vivra la caste supérieure ; plus pauvre et plus simple, mais en possession de la puissance » (*Vol. Puis.* II 216).

Où commence l'embarras de Nietzsche, c'est lorsqu'il recherche dans l'Histoire les points d'ancrage indispensables à la réalisation de sa grande politique. Car aucune classe sociale ne lui semble en état de répondre à son attente. La bourgeoisie lui répugne (*Zarathoustra* 401), mais le prolétariat le laisse indifférent, et il semble ignorer la paysannerie ; quant aux intellectuels, il sait à quoi s'en tenir sur leurs machinations de tarentules ! Au bout du compte, c'est dans une nouvelle élite de philosophes que Nietzsche place son espoir. Le philosophe-roi de Platon, curieusement, n'est pas loin ! Mais Nietzsche ne s'inquiète de préciser ni dans quel milieu social il faudrait le recruter, ni comment seraient choisis ses éducateurs. Voilà assez d'indices pour nous convaincre que la grande politique nietzschéenne n'est elle-même rien d'autre qu'une utopie... de philosophe !

Mais ne nous en plaignons pas ; admirons plutôt ! Car nos yeux sont trop offusqués par le spectacle des petites politiques lamentablement et inefficacement « réalistes » pour ne pas nous délecter des rêveries utopistes d'un vrai penseur. Rêveries à travers lesquelles, de surcroît, est fait l'éloge d'une des plus nobles promesses de l'humanité : l'existence de la pensée philosophique elle-même — dont Nietzsche est, justement, une des figures éternellement exemplaires.

BIBLIOGRAPHIE

TRADUCTIONS FRANÇAISES

Il existe souvent plusieurs traductions du même ouvrage de Nietzsche. Nous indiquons ici celles qui nous ont servi de références (nous mentionnons le *titre* d'après un système d'*abréviations* précisé ci-dessous, avec le numéro de la *page* et, parfois, celui du paragraphe). Ce choix n'impliquant aucun jugement de valeur, le lecteur est libre de préférer d'autres traductions.

La Naissance de la tragédie, trad. Geneviève BIANQUIS, Paris, NRF, Gallimard, 12ᵉ éd., 1949 *(Naissance)*.

La Naissance de la philosophie à l'époque de la tragédie grecque, trad. Geneviève BIANQUIS, Paris, NRF, Gallimard, 7ᵉ éd., 1938 *(Nais. Philo.)*.

Le Livre du philosophe. Etudes théorétiques, trad. Angèle KREMER-MARIETTI, Paris, Aubier-Flammarion, 1969.

Considérations inactuelles, I-II, trad. Geneviève BIANQUIS, Paris, Aubier, 1964 *(Considérations I)*.

Considérations intempestives, III-IV, trad. Geneviève BIANQUIS, Paris, Aubier, 1954 *(Considérations II)*.

Humain, trop humain (1ʳᵉ partie), t. I et II, trad. A.-M. DESROUSSEAUX, Paris, Mercure de France, 20ᵉ éd., 1943 (*Humain I* et *Humain II*).

Le Voyageur et son Ombre. Opinions et sentences mêlées (Humain, trop humain, 2ᵉ partie), trad. Henri ALBERT, Paris, Mercure de France, 9ᵉ éd., 1919 *(Voyageur)*.

Aurore, trad. Henri ALBERT, Paris, Mercure de France, 17ᵉ éd., 1943 *(Aurore)*.

Le Gai Savoir, trad. Alexandre VIALATTE, Paris, NRF, Gallimard, 9ᵉ éd., 1950 *(Gai Savoir)*.

Ainsi parlait Zarathoustra, trad. Geneviève BIANQUIS, Paris, Aubier, 1968 *(Zarathoustra)*.

Par-delà le Bien et le Mal, trad. Geneviève BIANQUIS, Paris, Aubier, 1963 *(Par-delà)*.

La Généalogie de la Morale, trad. Henri ALBERT, Paris, Mercure de France, 1964 *(Généalogie)*.

Le Crépuscule des idoles, précédé de *Le Cas Wagner, Nietzsche contre Wagner* et suivi de *L'Antéchrist*, trad. Henri ALBERT, Paris, Mercure de France, 1952 *(Crépuscule, Antéchrist)*.

Ecce Homo, trad. Alexandre VIALATTE, Paris, NRF, Gallimard, 9ᵉ éd., 1942 *(Ecce Homo)*.

La Volonté de puissance, trad. Geneviève BIANQUIS, Paris, NRF, Gallimard, t. I, 29ᵉ éd., 1947 ; t. II, 25ᵉ éd., 1948 *(Vol. Puis.)*.

Œuvres posthumes, trad. Henri-Jean BOLLE, Paris, Mercure de France, 2ᵉ éd., 1934 *(Posthumes)*.

Fragments sur l'énergie et la puissance, Société française d'Etudes nietzschéennes, Paris, Editions des Lettres modernes, 1957 *(Fragments)*.

Poésies complètes, trad. G. RIBEMONT-DESSAIGNES, Paris, Editions du Seuil, 2ᵉ éd., 1948.

Lettres choisies, trad. Alexandre VIALATTE, Paris, NRF, Gallimard, 2ᵉ éd., 1950.

Lettres à Peter Gast, t. II, trad. Louise SERVICEN Monaco Editions du Rocher, 1957.

TEXTES ALLEMANDS

Notre édition de référence est l'édition A. KRÖNER, *Grossoktavausgabe*, Stuttgart : I-VIII : œuvres publiées par Nietzsche ; IX-XVI : *Posthumes* ; XVII-XIX : *Philologica* (abréviation : *Werke*, avec mention du tome et de la page).

Une édition nouvelle : *Nietzsches Werke. Kritische Gesamtausgabe*, présente toutes les garanties, mais elle est encore inachevée à ce jour. Elle sert de base à la nouvelle édition française, sous la responsabilité de Colli et Montinari, chez Gallimard.

ÉTUDES SUR LA PHILOSOPHIE DE NIETZSCHE

Il ne s'agit naturellement que d'une sélection très restreinte, étant donné le nombre des travaux consacrés à Nietzsche.

ANDLER (Charles), *Nietzsche, sa vie et sa pensée*, 3 vol., Paris, NRF, Gallimard, 1958.

BARONI (Christophe), *Nietzsche éducateur. De l'homme au surhomme*, Paris, Buchet-Chastel, 1961.

BLONDEL (Eric), *Nietzsche : le cinquième évangile ?*, Paris, Ed. Les Bergers et les Mages, 1980.

BLONDEL (Eric), *Nietzsche, le corps et la culture*, PUF, 1986.

CARROUGES (Michel), *La Mystique du surhomme*, Paris, NRF, Gallimard, 1948.

CHESTOV (Léon), *La Philosophie de la tragédie, Dostoïewsky et Nietzsche*, trad. Boris de SCHLOEZER, Paris, J. Schiffrin, 1926.

DELEUZE (Gilles), *Nietzsche et la philosophie*, Paris, PUF, 1962.

EMMERICH (Erika), *Wahrheit und Wahrhaftigkeit in der Philosophie Nietzsches*, Bonn, Halle, 1933.

FINK (Eugen), *La Philosophie de Nietzsche*, trad. HILDENBRAND et LINDENBERG, Paris, Ed. de Minuit, 1965.

GRANIER (Jean), *Le Problème de la Vérité dans la philosophie de Nietzsche*, Paris, Editions du Seuil, 2e éd., 1969.

HEIDEGGER (Martin), *Nietzsche*, t. I et II, Pfullingen, Günther Neske, 1961.

JASPERS (Karl), *Nietzsche. Introduction à sa philosophie*, trad. Henri NIEL, Paris, Gallimard, 1950.

— *Nietzsche et le christianisme*, trad. Jeanne HERSCH, Paris, Ed. de Minuit, 1949.

KAUFMANN (Walter A.), *Nietzsche : Philosopher, Psychologist, Antichrist*, New Jersey, Princeton University Press, 1950.

KREMER-MARIETTI (Angèle), *Thèmes et Structures dans l'œuvre de Nietzsche*, Paris, Lettres modernes, 1957.

LŒWITH (Karl), *Nietzsches Philosophie der ewigen Wiederkehr des Gleichen*, Stuttgart, Kohlhammer, 1956.

MUELLER-LAUTER (Wolfgang), *Nietzsche. Seine Philosophie der Gegenwart und die Gegensätze seiner Philosophie*, Berlin, Walter de Gruyter, 1971.

PENZO (Giorgio), *Friedrich Nietzsche*, Bologne, Ed. Pàtron, 1975.

REY (Abel), *Le Retour éternel et la philosophie de la physique*, Paris, Flammarion, 1927.

RICHTER (Claire), *Nietzsche et les théories biologiques contemporaines*, Paris, Mercure de France, 1911.

STAMBAUGH (Joan), *Untersuchungen zum Problem der Zeit bei Nietzsche*, La Haye, Martinus Nijhoff, 1959.

VALADIER (Paul), *Nietzsche et la critique du Christianisme*, Paris, Ed. du Cerf, 1974.

— *Nietzsche; l'athée de rigueur*, Paris, Desclée de Brouwer, 1975.

TABLE DES MATIÈRES

PREMIÈRE PARTIE

LA VIE ET L'ŒUVRE DE NIETZSCHE

DEUXIÈME PARTIE

LA PHILOSOPHIE DE NIETZSCHE

Imprimé en France
Imprimerie des Presses Universitaires de France
73, avenue Ronsard, 41100 Vendôme
Mars 1992 — N° 38 053